ちくま新書

福沢諭吉　変貌する肖像

――文明の先導者から文化人の象徴へ

小川原正道
Ogawara Masamichi

1745

福沢諭吉　変貌する肖像——文明の先導者から文化人の象徴へ【目次】

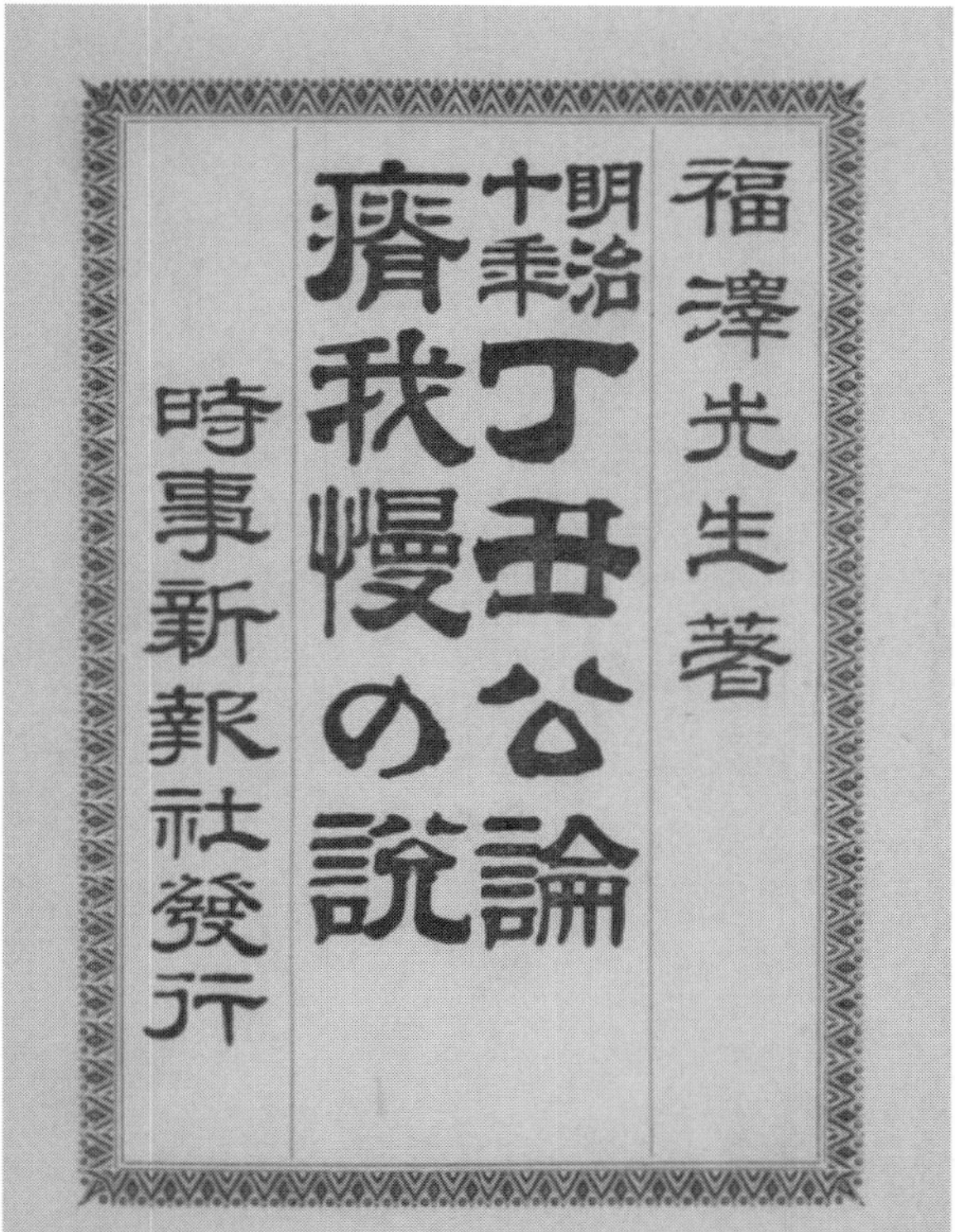

序　章

福沢を論じた知識人たち

『明治十年丁丑公論・瘠我慢の説』表紙

†福沢評価の変遷

冒頭に、明治期から昭和戦前期にかけて、ある知識人が福沢諭吉を評した文章をいくつか紹介しておこう。今の時代ではやや難解であるため、読み飛ばして後の解説を読んでいただいてもかまわない。

> 新日本文明の、福沢君に負ふ所のもの多きは、既に世人の識認《ママ》したる所、今更ら繰返す迄もなし。日本文学の福沢君に負ふ所に至りては、世人或は之を認めたる者あり。然れどもその多数は、曾《かつ》て之に頓着《とんちゃく》せざるもの丶如し。……而して此特色、殊に最後の嘲笑的の特色は、実に旧日本破壊、新日本建設の当時に於て、迷溺《めいでき》せる人種を快醒《かいせい》解脱せしむるに於て、実に一大利器たりしに相違なし。

> 瘠我慢は大切也。然れども之を小処に用ゆる者は小人たり。之を大処に用ふるは大人たり。……福沢氏は勝伯《かつはく》の挙動を以て、武士の風上にも置かれぬものとなしぬ。……吾人の意見を以てすれば、勝伯の戊辰に於ける措置の如きは、国家の危機に際し、国民の一部が、忍ぶ可らざるを忍び、耐ゆ可らざるに耐へ、国家全局の利益の為めに、

其の打勝ち難き感情に打勝ちたるものにして。吾人が所謂非常の場合に於ける挙国一致の適例を示したる者也。世人が勝伯に感謝すべきは、単に江戸百万の生霊を救済したるに止らず。二十世紀国際社会の圧迫に際して、国民が国家に尽す所以の実物教訓を与へたるにあり。（傍点原文）

（福沢は――引用者）西洋のことを無茶苦茶に輸入する点に於ては伊藤や陸奥なんかの比ぢやない。より以上のものである。彼は西洋のいいことを輸入するといふよりも、日本のことを悉く壊すといふ方針でやつて来た。福沢先生の破壊した力といふものは非常に大きなものであつた……福沢先生の最後の決着は独立自尊といふことになつてしまつた。独立自存《ママ》といふことは要するに個人主義を異なつた言葉で説明したものである。……独立自尊でやつて行く以上は愛国といふなどとは縁が遠くならざるを得ないやうな結果になつて来た。

この三つの文章は、いずれも、一八八〇年代から一九五〇年代まで、長きにわたり日本を代表するジャーナリスト・思想家・評論家・歴史家として活躍した、徳富蘇峰《とくとみそほう》の筆になるものである。

一つ目は、一八九〇年（明治二三年）四月、当時少壮の文筆家として論壇で活躍しはじめていた蘇峰が、自らの主宰する『国民之友』第八〇号に掲載した、福沢の著書『文字之教』（一八七三年刊）に対する批評の一部である。タイトルは「文字の教を読む――文学者としての福沢諭吉君」。この年、福沢の『文字之教』を手にした蘇峰は、その文章の巧みさに感激し、日本の旧文明を破壊して新日本を建設した維新当時に、福沢が諧謔や風刺、嘲笑などをまじえた圧倒的な文章力をもって、儒教文化に囚われていた日本人を覚醒させた、と評価した。それまでの福沢に対する世間の評価が、「経世家」、すなわち統治や政治についての議論を展開した知識人としてのそれに偏っていたことへの反論でもある。蘇峰は当時二七歳、福沢は五五歳で、まだ存命であり、両者にはすでに面識がある。

二つ目は、一九〇一年一月一三日、蘇峰が、やはり自らの主宰していた『国民新聞』に寄せた「瘠我慢《やせがまん》の説を読む」の一節である。「勝伯」とは、勝海舟（伯爵）のこと。福沢は、一八九一年に「瘠我慢の説」を記し、戊辰戦争の際に勝が断行した江戸城無血開城を、厳しく批判した。勝は、旧幕府軍を率いて城を枕に討ち死にし、武士が伝統的に培ってきた「瘠我慢の精神」を発揮すべきだったが、無抵抗で城を明け渡してその精神を損なったとして、こうした姿勢では国家の対外的独立を維持することはできない、と福沢は論じている。一九〇一年一月一日付の『時事新報』に掲載されたが、蘇峰はこれに強く反発して、この論説を発表した。勝の行動は、徳川幕府に対する愛情を抑え、江戸市民の命と日本という国家の危機を救った英断であると評価したのである。この六年前に終結していた日清戦争の際の挙国一致体制が、念頭に置かれている。蘇峰三七歳、福沢は蘇峰の論説が掲載された翌月の二月三日に、この世を去った。

三つ目は、一九四四年（昭和一九年）三月、太平洋戦争末期に、蘇峰が『言論報国』第二巻第三号に寄せた「蘇翁漫談」の一部である。ここで蘇峰は、福沢が滅茶苦茶に西洋文明を日本に移入して日本の伝統的な「良風美俗」を破壊したことを批判し、その代表的主張である「独立自尊」は、自分の利益しか考えない悪しき個人主義の典型で、愛国主義に反するとして、福沢を厳しく攻撃した。文中の「伊藤」は伊藤博文、「陸奥」は陸奥宗光のことを指している。いずれも、西洋の政治制度の導入や外国人の国内居住を推進した政治・外交指導者である。英米との戦争下にあって、西洋文明は打倒すべき対象であり、個人主義は克服すべき負の遺産にほかならなかった。福沢は既に世を去って四〇年以上が経っているが、蘇峰は未だ健在、当時八一歳で、熱心に筆を揮っていた。

このように、蘇峰の福沢評価は、半世紀ほどの間に、肯定から否定へと大きく転換した。これは、蘇峰自身の思想的立場が変化したためであろうか。あるいは、福沢の主張やその受け止められ方が、変わったためであろうか。単に、批評対象としているテーマや題材が異なるためであろうか。

†知識人の役割

その実態の分析は第一章以降に譲るとして、福沢その人が何を書いてどう発信し、何を残したか、という問題とは別に、それを周囲（特に知識人）がどう受け止め、どう批評し、これをどう読者に拡散していったか、という点は、きわめて重要な問題である。とりわけ、福沢没後になると、もはや福沢本人には反論の機会が許されておらず、読者は、福沢が書き残したものと、それに対する知識人の批評をもって、自らの福沢評価を定め、そのイメージ（像）を膨らませていくほかない。

しかし、福沢の全著作をまとめた『福沢諭吉全集』（全二一巻・別巻）や、彼の書き残した二五〇〇通余りの書簡を収めた『福沢諭吉書簡集』（全九巻）が刊行され、彼のすべての著書がウェブサイト上で無料閲覧できる今日ほど、戦前は出版・メディア環境が整備されてはいなかった。福沢の著作のいくつかはベストセラーとなったが、そのブームは一過性で、同じ本が何十年も版を重ねる、というような時代でもない。すなわち、影響力のある批評家の下す判断が、読者の福沢像形成にとって、より重みを持っていた、ということになる。

蘇峰についていうなら、福沢を痛烈に批判した第三の引用文を発表したとき、彼は大日本言論報国会会長として、日本のジャーナリズム界を代表する立場におり、その影響力は、自由主義者で外交評論家の清沢洌が『暗黒日記』(一九四四年四月二一日条)に、「「不敬罪」は我国にいくつもある。(一)皇室、(二)東条首相、(三)軍部、(四)徳富蘇峰——これらについては、一切批評は許されない」と書き記しているほどであった(清沢洌著/山本義正編『暗黒日記——1942-1945』岩波文庫、一九九〇年)。こうした圧倒的な筆力をもって福沢を批判するとき、当時の読者の福沢イメージが大きくマイナスに傾いたことは、想像に難くない。

†本書のねらい

では、福沢は、生前からいかなる批判や批評にさらされ、その没後、知識人たちは彼をどう論じ、その評価はいかに変遷してきたのか。本書は、その系譜をたどり、福沢像の変遷の過程を考察しようとするものである。検討の対象とするのは、福沢が代表作のひとつである『学問のすゝめ』を発表し、その内容をめぐって賛否両論を巻き起こした一八七〇年代から、蘇峰などの痛烈な批判を受けながらも、戦後、彼が一万円札の肖像となり、日本の文化人を代表する地位を確固たるものとする一九八〇年代までの、およそ一〇〇年である。

なお、明治初期は、知識人が書く媒体は学者向け、一般の知識層向けと、明確に分けられていたわけではなかったが、一八八七年に帝国大学（現在の東京大学）教授などで組織されている国家学会から学術誌『国家学会雑誌』が刊行され、同年に、総合雑誌『中央公論』の前身である『反省会雑誌』が出た頃から、学術誌と総合雑誌とが分化されていく。

本書は、一般の読者の福沢像形成に知識人が与えた影響に焦点をあてたいと考えており、そのため、学者しか読まない学術誌には、必要な範囲で言及するに止め、総合雑誌などの一般向けの雑誌や書籍を中心に、分析の対象としたい。もとより、一般社会における福沢像の形成と知識人と関わり、という点では、小説や演劇、テレビ、ラジオなどの影響もあると思われるが、福沢は新選組や坂本龍馬のように、学術的成果に比して著しく多くの小説や演劇、映像作品などが作られた人物ではないため、本書では、知識人が社会に対してその学術的成果を提供した著作に、考察対象を限ることとする。なお、新聞記事に関しては、紙幅の関係で重要なものを取り上げるに止めたい。

福沢が、はじめて知識人の批評対象となった事件。それは、彼をその後批評し続けていくことになる知識人、学者の役割そのものに対する『学問のすゝめ』の主張をめぐって勃発した。まずはその経緯から、筆を起こしていこう。

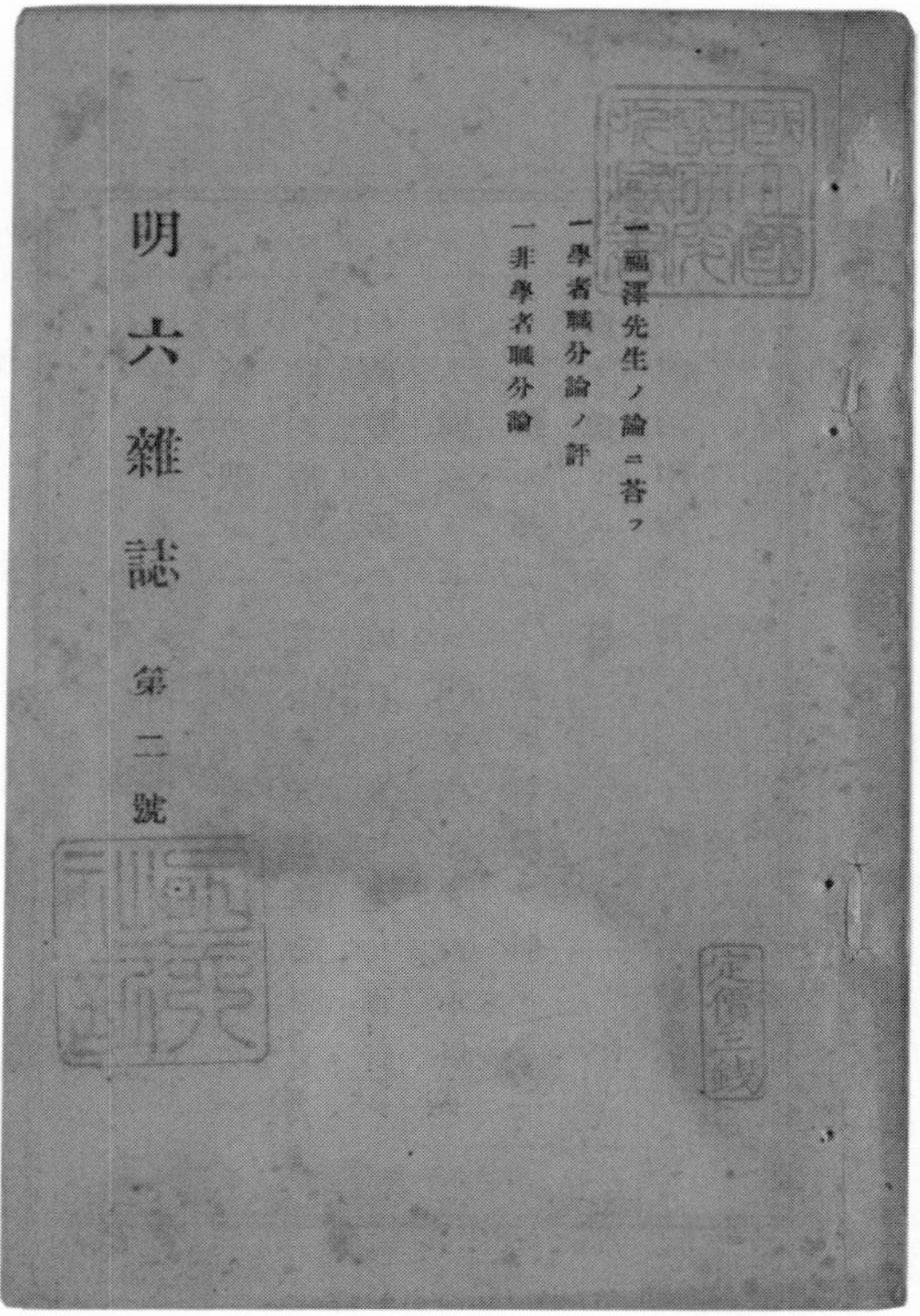

第一章

存命期の論争

——学者職分論から修身要領まで

『明六雑誌』第2号表紙

1　幕末・維新期の福沢諭吉

†幕臣としての挫折

福沢諭吉は幕末、幕臣として徳川幕府に仕えながら、英学の学習と教育に努め、三度の欧米視察を経験した。その過程で、幕末の政局にも強い関心を抱き、幕府による第二次長州征伐にあたっては、幕府を後押しし、将軍が反幕府勢力を制圧して、全国の権力を一元的に掌握するよう提唱している。福沢は、強力な幕府によって開国政策と文明開化を推進することを、目標としていたのである。

しかし、その幕府は第二次長州征伐で敗れ、福沢の構想は画餅に帰することになる。福沢が二度目の渡米の途に就いたその日に、幕府は解兵令を出しているが、この渡航からの帰国途上、福沢は幕府廃止論を口にしている。もはや権力としての幕府に期待はできず、その本音も開国ではなく攘夷にあると観察しての判断であった。

幕府には期待できない。といって、幕府に代わる新政府は尊王攘夷派が打ち立てたものであり、幕府以上に攘夷派で、開国や開化など期待することは叶わない。そうした政治への絶望と挫折の過程で、福沢は「民」の立場に身を置き、学問に専念することで、国家の発展に寄与していこうと決意することになる。

　王政復古大号令を受けた一八六七年（慶応三年）一二月一六日付の福沢英之助宛書簡で福沢は、新政府も幕府も期待ができないとして、自分は立場をわきまえて読書に専念している、とつづっている。翌月に戊辰戦争がはじまり、江戸総攻撃が近づくなか、福沢は一八六八年閏四月十日付山口良蔵宛の書簡で、いまは天下が乱れているが、自分自身は「太平無事」で、人に「知識」がなければ国を治めることができず、「無知」を打開するためには教育が必要で、いま学校で勉強に励んでいる、と記した。

　同年六月七日には同じく山口に宛てて福沢は、「世の形勢」がどう変化しても、学問に熱心に取り組めば国家に貢献できる、として、「徳川家江御奉公いたし、不計も今日之形勢ニ相成《あいなり》、最早武家奉公も沢山ニ御座候。此後ハ双刀を投棄し読書渡世の一小民と相成候積《そうろうつもり》」と、もう武家奉公はたくさんで、刀を棄てて学問に専念していると書き送っている（慶應義塾編『福沢諭吉書簡集』第一巻、岩波書店、二〇〇一年）。この間に、それまで名前のなかった自らの塾に、時の年号をとって「慶應義塾」と名付けた。

†在野への決心

福沢には新政府から出仕するよう要請があったが、断っている。「民」の立場から学問に専念することを決めていた福沢にとって当然の判断だが、「官」や「民」の態度自体にも、疑問を感じざるを得なかったようである。晩年に語った『福翁自伝』で、福沢は述べている。新政府は鎖国政策ではなく開国政策をとるらしく、ならば官界で尽力して政府とともに文明化に貢献すべきではないかと「世間の人」は思ったが、「マダ私は動く気がない」。

その理由は第一に、役人が無闇に国民に対して威張るのが気に入らない、第二に、役人に「気品」がなく、贅沢三昧の生活を送っていて汚れている、第三に、鎖国と開国とで幕末にさんざん揉めたのに、いざ開国となれば皆「平気の平左衛門とは可笑しい」、忠臣義士も君臣主従も怪しいもので、「コンナ薄つぺらな人間と伍を為すよりも独りで居る方が心持が宜《よ》いと説を極めて、初一念を守り、政治の事は一切人に任せて、自分は自分だけの事を勉めるやうに身構へをしました」。第四に、国民がこぞって役人になりたがる世の中で、「文明独立の本義を知らせやうとするには、天下一人でも其真実の手本を見せたい」(慶應義塾編『福沢諭吉全集』第七巻、岩波書店、一九七〇年)。政治への挫折と、官民に対する不信感のなかから、福沢は自らの態度を「民」の学者と定め、「民」の手本を示そうとしたわけである。

2 学者職分論争

†学者は民間にあるべし

一八七四年（明治七年）一月に刊行された『学問のすゝめ』四編において福沢が、学者は「民」の立場にあるべしと説いたのも、この経験と自覚の延長線上にある。「学者の職分を論ず」と題して福沢は、維新以来の改革が進展しない原因は「人民の無知文盲」にあり、「政府は依然たる専制の政府、人民は依然たる無気無力の愚民のみ」という現状から文明化を目指すには、「先《ま》づ人心に浸潤したる気風を一掃」する必要がある、という。

そのためには、人民が目指すべき目標を提示する必要があり、それを示すのが「洋学者流」だが、今は彼らに頼れない事情があるとして、その理由を「学者士君子、皆官あるを知りて私あるを知らず」という実態に見出し、彼らは「漢学者流の悪習」を免れていないと福沢は指摘する。すなわち、洋学者たちはことごとく「官途」に就き、政府に依存して

「宿昔青雲の志」を実現しようと試みており、その結果「世の人心」が、「官を慕ひ官を頼み、官を恐れ官に諂ひ、毫《ごう》も独立の丹心を発露する者なくして、其醜態見るに忍びざることなり」と福沢は嘆く。福沢は、政府による規制を恐れて政府批判を回避する新聞の態度を、「恰《あたか》も娼妓《しょうぎ》の客に媚《こび》るが如し」と評し、「日本には唯政府ありて未だ国民あらず」と喝破する。「先づ私立の地位を占め、或は学術を講じ、或は商売に従事し、或は法律を議し、或は書を著し、或は新聞紙を出版する」などして、法を遵守しながら、政府に問題があれば批判すべきであり、そのために「学者は学者にて私に事を行ふ可し」と、学者は在野にあるべきだと福沢は説いた（慶應義塾編『福沢諭吉全集』第三巻、岩波書店、一九六九年）。

続く五編でも福沢は、西洋の文明化を先導してきたのは「国の執政」でも「力役の小民」でもなく、発明家や学者といった「ミッルヅルカラッス」、中産階級だったとした上で、日本で中産階級の地位にあり、文明を唱えて国家の独立を維持すべき存在は学者のほかにないが、彼らは「世の気風に酔ひ只管《ひたすら》政府に依頼して事を為す可きものと思ふか、概皆其地位に安んぜずして去て官途に赴き、些末の事務に奔走して徒に心身を労し、其の挙動笑ふ可きもの多し」と、学者が政府内に地位を求めようとする風潮に苦言を呈し、これは「国の文明のためには一大災難と云ふ可し」と嘆いた。

学者の精神が衰えていくのを傍観し、これを憂うることがないのは残念であるとして、福沢は、「慶應義塾の社中」はこの災難から免れて独立を維持し、「独立の塾に居て独立の気を養ひ、其期する所は全国の独立を維持するの一事に在り」と自負している。「社中」のメンバーは学問を身につけ、それを文明化に役立たせるため、商業や法律、工業、農業の発展、著書や翻訳、新聞の発行などに尽力し、「国民の先《せん》」として政府と助け合いながら、「官」と「民」の力を平均させて国家全体の力を増進して独立を維持すべきであり、「学者宜しく其方向を定めて期する所ある可きなり」と福沢は注意を喚起した（同前）。

†「官」学者からの批判

福沢が属していた知識人結社である明六社では、『明六雑誌』第二号（一八七四年四月）において、加藤弘之、森有礼《もりありのり》、津田真道《つだまみち》、西周《にしあまね》が福沢に反論する論考を寄せた。加藤は、政府官吏による統治を「内養」、政府に対する人民の抵抗を「外刺」と呼び、「今」は「内養」が肝要であり、そのために洋学者が「官務に従事するも、決して不可なることはなかるべし」と主張した上で、福沢の議論は「リベラール」であり、これが強調され過ぎると「国権ついに衰弱」する、と懸念を表明した。森は、「民」や「世」の「公利」を実現するためには「官途」も「私立」も問う必要はなく、「私立為業」と「在官為務」を二分することで、学者が皆「官途」を去り、「不学の者」に政府を託すことになる、と主張する。

津田は、政府は「精神」、人民は「体骸」の関係にあり、両者が「相合して国家を成す」との立場から、人民と政府を対立的に捉えようとする福沢を批判しつつ、「官」であれ「私」であれ、「力を尽して人民自主自由の説を主張」すべきであると述べた。西は、学者が官を去って私立の地位に就くべきだという福沢の主張は、「蒸気」を「個堅質」(個体)にする「詭論」だと表現し、「人民の開明進歩」は漸進的であるべきで、これを急進的に進めると「過激」に陥ることは、フランスやスペインの例にもみられる、と慎重な態度を示した(山室信一・中野目徹校注『明六雑誌』上、岩波文庫、二〇一〇年)。

福沢の発した問題提起の根源には、江戸時代までの学問・学者を規定していた、為政者の補佐という漢学者的発想への嫌悪感があり、明六社にも、専門的な学問分野やその社会的成果を越えた、文明化のための学際的なコミュニケーションを求めていた。対して、主として「官」の側にあった加藤らの反論では、専門知の自覚とその有用性、急進的変革への警戒といった側面が強調されているため、議論があまりかみ合わず、生産的な論争にはいたっていない。このため、福沢はこの後も、漢学者的態度の問題点を指摘し、民の立場や「人間交際」の重要性を主張し続けていくことになる。

3　民撰議院論争

†明六社での論議

福沢が「学者の職分を論ず」を発表した一八七四年一月は、前年の明治六年政変で敗れた板垣退助らが、民撰議院設立建白書を提出し、自由民権運動の狼煙を上げた月でもあった。以後、民撰議院設立をめぐる論争が明六社内外で展開されていくが、そこでも知識人たちは、社会改革は漸進的・急進的であるべきか、人民と政府との関係をどう構築すべきか、といった思想課題に直面した。

福沢がこうした課題に対する回答として提示したのが、民会（地方議会）の設置である。一八七五年に刊行された『文明論之概略』の草稿に、人民が地方の利害を論ずる場として民会の必要性を記載して以降、福沢は民会設置の重要性を繰り返し説き、人民の気力を増進させて、人民と政府との権力のバランスをとり、文明化を促進する装置としても、民会に期待した。福沢は府県会規則（一八七八年七月）によって府県会が制度化される頃まで、中央に国会（民撰議院）を設立する前に、まず地方に民会を設立して地方自治を促進し、ここで警察や土木、宗教、衛生などについて議論すべきだと主張した。

その福沢が、民撰議院と民会の設立をめぐって加藤弘之、森有礼と直接相まみえることになったのは、一八七五年一月のことである。この日、明六社の会合で三人が同席した際、加藤は、人民が自由を守る手段には「己れに由るもの」と「他に憑るもの」とがあり、前者は人民が自ら「自由の理」を自覚することで、政府の専制を抑制して「自由の政」を実現するもので、後者は人民が「卑屈無気無力」であるために、政府が人民に自由を与え、あるいはこれを奪う「政府之専制」によってもたらされると述べている。

そして加藤は、日本は長らく「専制」のもとにあったため、人民が「漠然卑屈の酔夢」に溺れ、「自由の暁光」に目覚めることのないまま現在にいたっており、これを「英国人民と同視」し、民撰議院を建てるのは「聾者をして楽を奏せしめ瞽者をして舞を学ばしむるが如きのみ」と、いわゆる時期尚早論を唱えた(慶應義塾編『福沢諭吉全集』第二一巻、岩波書店、一九七一年)。

†反時期尚早論

これに対し福沢は、「尚早」とは何の「時」を基準にしていうのかと疑問を呈し、民撰議院が時期尚早なら廃藩置県も尚早であり、廃藩置県も民撰議院も「自由の暁光を人に視認せしむるゆへんの門戸」であると反論した。門戸を開かなければ部屋に入ることができず、「自由の堂」に登ることもできない。福沢はあくまで力点を民会に置き、一八七一年は「廃藩置県之好時節」であり、今年は「民会創立之好時節也」と説いた。

加藤は、廃藩置県は「自由の力」によって実現したものではなく、「特に勤王と云一種東洋習気の勢力に成る」と反論したが、福沢は、廃藩置県は士族の力で実現したもので、士族は長らく「眼を自由之一辺」に注いできたとして、「日本の自由は人民能自ら之を認得て、従前君主武門等に奪はれたる所の権利を恢復したると謂ふべし」と評価し、廃藩置県からはじまった自由の歩みは、民会を立てることで前進する、と主張している。なお、森は廃藩置県によって「人民の抵抗力消磨」し、人民の「無気無力」が甚だしい状況に陥っているとして、廃藩置県は時期尚早であった、とコメントした(同前)。

ここで論点となっている、民撰議院が時期尚早か否か、といった点が、民撰議院論争全体の焦点ともなった。加藤は時期尚早論者の代表格であり、有司専制が続くと、人民が政令に服さない弊害が起こりうるとして、その政治参与を認めるべきとの立場から民撰議院の設立を訴えた民権論者の大井憲太郎と激しい論争を繰り広げたことは、よく知られている。

福沢は「一身」が独立して「一家」が独立し、「一家」が独立して「一国」が独立し、

「一国」が独立して「天下」が独立すべし、という持論を有しており、まず学者が率先して民間で独立した主張を展開し、家庭がほかの家庭や政府などから干渉を受けずに独立し、府県が政府からの介入を受けずに地方自治を実現して独立し、その先に、民撰議院、すなわち国会が日本の独立について議するべきである、という展望を持っていた。加藤からは急進論にみえた福沢の持論も、福沢からすれば、段階的で堅実な漸進論だったのであり、そのために、民撰議院論争のなかにあって、あえてまず、民会の重要性を説いたのである。

4 国会論争

†英国型議会政治へ

民会の重要性を説き続けた福沢に、西南戦争が勃発した一八七七年頃から、次々と朗報が届くようになる。地元である大分県では民会仮規則が定められ、西南戦争で決起計画が練られた高知の立志社も、慶應義塾から新たに教師を招いて民権運動に力を入れて、言論や民会活動が活性化するなど、全国各地で民会をめぐる情勢が好転していったのである。

こうした情報に接した福沢は、大分県権令の香川真一や立志社を率いる板垣退助などに、民会や言論活動を高く評価し、これを後押しする書簡を送っている。

一八七八年七月、府県会規則が制定され、国会に先駆けて、まず府県会が制度化された。九月、立志社を中心に愛国社再興運動が盛り上がり、その大会が成功裏に開催された直後、福沢はいよいよ、国会は早晩開かざるを得ない、という展望を公にすることになる。翌年、福沢は『民情一新』と『国会論』を発表し、早期の国会開設と、英国流の議院内閣制、二大政党による政権交代の実現を説いていくことになる。

民撰議院、すなわち国会を創設するにあたり、何をモデルとし、どんな国会を構築していくのか。その構想をめぐっては、英国を模範とした福沢の潮流とともに、愛国社系のルソー主義を理想とした潮流とがあり、両者は対立する関係にあった。

福沢は『国会論』において、「世の国会論者」が、国会議員の選挙の際に、その候補者から「政府の官吏」を除き、政府は官吏、国会は人民によって組織し、議会と政府とが「相対峙して朝野の政権を限るの分界とするの趣向なるが如し」と、自由民権運動の主流派である愛国社系の民権論者が政府と国会を分離して、行政権と立法権を分ける主張をしていると述べた上で、日本の国会は英国をモデルとすべきであると主張している。

すなわち、英国では政府の重要な役職には国会議員が就任し、「英の官吏は、政府に在りては行政官となり、国会に在りては議政官となり、恰も行議の両権を兼るもの」であり、英国政府は常に議会の多数派を与党としているとして、議院内閣制について詳しく紹介し、選挙による政権交代が三、四年ごとに実現するのが理想的である、と福沢は述べている（慶應義塾編『福沢諭吉全集』第五巻、岩波書店、一九七〇年）。愛国社系民権論者を濃厚に意識しながら、そのアンチテーゼとして英国流の議院内閣制、二大政党制の導入を主張したことが理解されよう。

†ルソー流国会構想

愛国社系の国会構想はこの後、具体性を帯びてくることになるが、その特徴は、ルソー流の直接民主制を理想としていた点にある。ルソーは、全人民の集会が憲法や法律を定め、政府への行政権の委任継続を承認することなどを主張し、人民と政府とを分離し、政府を人民の公僕として位置付けていた。愛国社系の民権論者は、直接民主制は非現実的だとしつつも、人民が全国の人民と協議して国会を開設できると主張し、その立法権には強い関心を寄せつつも、人民は行政権を執らないという態度をとり、立法権と行政権を分離していた。

実際、愛国社の理論的支柱であった植木《うえき》枝盛《えもり》が一八八一年八月に執筆した「東洋大日本国々憲法案」も、「日本人民ハ議政官ニ任セラル、ノ権アリ」（第六九条）、「日本聯邦ノ法律制度ハ聯邦立法院ニ於テ立定ス」（第一一七条）と規定した上で、「聯邦立法院」が有する租税、軍律、訴訟法、兵制、国債発行、通貨関連法、郵便制度、条約締結、などの権限を詳細に定めているが、行政権については、「聯邦行政官府」が毎年予算を立法議会に提出し、決算を立法議会に報告すること、の二箇条しか定めておらず、「聯邦立法院ハ行政部ニ対シ推問ノ権ヲ有ス」（第一三八条）と、行政府は立法府の監督下に置かれると定めている（「牧野伸顕関係文書」国立国会図書館憲政資料室蔵、書類の部・八九）。議院内閣制に比して行政権への関心が薄く、行政府と立法府とを分離して捉え、人民が組織するのはあくまで後者である、と理解されていたのがわかる。政府・与党が「行議の両権を兼る」福沢の構想と一致しないのは明らかであった。

　福沢がこうした愛国社系の構想を察知して批判を加えたことは、すでにみた通りだが、愛国社系の民権論者も、福沢を意識して持論を展開している。一八八〇年一一月に刊行された愛国社の機関誌『愛国新誌』第一三・一四号で植木は、「人民ノ国家ニ対スル精神ヲ論ス」と題して、「政府ハ政府タルノ職分」を担い、「人民ハ人民タルノ権利ヲ行ハンノミ」と政府と人民を分離して捉え、「治者ト被治者トノ分界ヲ劃別《かくべつ》シ、人民ニ治者交リノ気取ヲ帯ブルコトナク吾々人民ト云フノ気象ヲ保」つ必要を説き、その人民の「公議輿論」として国会開設が求められるなら、たとえ「他ノ人民」が未だそれを望んでいなくても、「之ヲ望ンデ可ナリ」と主張している（明治文化研究会編『明治文化全集』第一四巻・自由民権篇続・改版、日本評論新社、一九五六年。傍点原文）。国会開設こそ人民の権利であり、行政権に参与するなどと「気取」ってはならない、という口吻に、福沢への批判が含まれていることは容易に察せられよう。

参議の大隈重信が福沢の潮流に乗った英国流の議院内閣制、政権交代の必要性を論じた意見書を提出したことに端を発した明治一四年の政変によって、大隈は参議を辞任、福沢門下の官僚も一斉に政府を追われて、英国流の国会構想の実現可能性は排除された。明治政府が大日本帝国憲法のモデルとして採用したのはプロイセン憲法であり、ルソー主義を理想としたわけでもなかった。当時、「行議の両権」を掌握していた明治政府にとって、選挙の結果では、そのいずれも失う可能性がある福沢流の構想も、国会の巨大な権限のもとで政府が監視される愛国社系の構想も、望ましいものではなかったのである。

5 官民調和論争

福沢は、「官」と「民」の権力のバランスを保ちつつ、その相互が「調和」するという、官民調和論者であった。もともと、英国の議会制度の導入を考えたのも、当時、ヨーロッパで「官」と「民」が衝突する紛擾が発生しており、これを回避するための最善の策として、英国の議会制度が浮上したためであった。「民」の代表者が選挙という非暴力的手段によって「官」を構成する仕組みを設けることで、暴力的な官民の衝突を避けようと試みたわけである。

議会制度の導入手段をめぐっても、こうした調和的姿勢があらわれている。『国会論』で福沢は、仮に議院内閣制を導入しても、今の明治政府の役人が選挙に負けることはなく、行政権と立法権を確保できる、という主張を展開している（前掲『福沢諭吉全集』第五巻）。それは、現実的な可能性や見通し、という以上に、政権側が自らの構想を危険視することを避け、穏便な形で持論を受け入れてもらうための戦略だったのであろう。実際、明治一四年の政変の際も、福沢は参議の井上馨から、政権交代を伴う議院内閣制の導入を採用する旨を聞かされて、政府機関紙の発行計画を引き受けている。

「官」の側には、「民」を拘束し、弾圧し、威圧するような政策の推進を止めさせ、「民」の側にも、一方的な政府攻撃や武力による反乱、暗殺などの急進的行動を戒めるよう説き、「官」が積極的に「民」から有能な人材を登用するなど、両者の穏健で調和した関係の構築を目指すのも、福沢の態度であった。

こうした姿勢は、自由の獲得のためなら武力による圧制政府の政権転覆も許されるといった抵抗権思想を受容し、有司専制政府との闘争を通して自由と権利を獲得しようと試みていた民権運動家から、批判を招くことになる。

例えば福沢は、その主催する『時事新報』において、一八八二年一二月七日から一二日にかけて「東洋ノ政略果シテ如何セン」と題する社説を連載し、日本の東アジア戦略を論じて、これを裏付けるものは軍事力であり、それを強化するのは資本で、資本を担うのは国民の納税であると主張した。その上で、徳川幕府が滅亡したのは「官民交情」を欠いたためであるとして、政府当局者は「民情」を緩和して「官民調和」に心を用い、「小吏論」や「過激論」に意を介さず、「官民不調和」に陥っている原因を把握すべきだと説いている。

†官民調和論批判と徳富蘇峰

自由党系の『扶桑新誌』は同年一二月六日発行の第二五六号で、「時事新報記者ガ非常ノ得意ニテ主唱セル官民調和論」が政府首脳に受け入れられることとなり、俸給を出して「民間ノ志士ヲ政府ニ網羅シ去リ随テ民間ノ政談ヲ衰頽《すいたい》セシメントスル謀議」が盛んになっている、と警戒している。同誌は、「官途」に就くことだけが収入の道ではなく、商工農業も重要であり、「区々タル準奏任官位ニ採用セラレテ七八十円ノ俸給ニ之レ甘ンズルモノアランヤ」と、政府の民間人材登用策に疑問を呈し、民権論者は政府に採用されてもすぐに辞任して民間での政治活動に奔走するとして、「民間ノ政談ヲシテ衰頽セシムルガ如キ得テ望ム可ラズ……吾人ガ官民調和ノ政略ヲ以テ廟堂諸公ノ決シテ為スベキ所ニ非ズ」と主張し、政府の民間人材登用による「官民調和」の実現に反対した。

同誌はすでに第二三七号（一八八二年九月）の時点で「一貴顕三田ノ老爺ノ為メニ八ヲ喰フ」と題する記事を掲載し、『時事新報』の「本尊」である「福沢翁」は「最早決シテ昔日ノ福沢翁ニハアラズ」として、「夫ノ官民調和論ナド、云フガ如キハ翁ガ得意ノ持論ニ似タレドモ個ハ五六年前ニ在ツテ之ヲ唱フ可シ吾人モ亦其頃ニハ一時翁ト同一ノ持論ヲ主唱セルコトナキニアラザリキ」と、かつては官民調和論に賛同するところもあったが、「立憲実行ノ期」が定まり、政党政治の実現が見込まれる今、それを唱えるのは「陳腐モ亦タ甚シキ」ものであり、「官権者流」は福沢を「民権退治自由撲滅」のために担ぎだそうとしているのではないか、そのような政府には「南無阿弥陀仏」と唱えるほかないと嘆じている。

立憲改進党系の『東京輿論新誌』第三三九号（一八八三年九月）の社説「官民調和トハ如

徳富蘇峰

何ナル議ナル乎」も、「官民調和」は「殆ンド歯牙ノ間ニ置クニ足ラザル者」であり、その「無稽ナル所以ヲ詳論」するとしている。官民調和は、なぜ荒唐無稽なのか。同誌は、「政論主義ノ争議ハ国家ノ為メニ慶スベキコト」という立場から、「保守主義」と「改進主義」の争いが政府内部に波及し、そこで「官民間互ニ主義ヲ争フト同一ノ状ヲ有ス」ことになることを歓迎している。福沢が「保守主義」と「改進主義」の二大政党による政権交代を理想としていたことを承知した上での、反論であった。

徳富蘇峰は自らの主宰する『国民之友』第一六五号（一八九二年九月）において、「福沢諭吉氏の政治論」と題し、福沢の官民調和論はこれまで一貫してきたと評しつつも、「吾人が最も歎ずるは、福沢氏の政論中に於て、改革の思想無きこと是也」として、何事も「無事平穏」「調和」であれば善しとしており、現状改革を迫る政治運動を是とする自分とは「其道を倶にする能はざるを歎ず」ると述べている。蘇峰は「調和なるものは、進歩の敵なり。主義の敵なり。主義ある者は漫りに調和を説かず。進歩を欲する者は漫りに調和を説かず」と喝破し、調和は「無主義の天国」「安逸の極楽」「臨機応変者の永住する故郷」であり、福沢がそこに「永住」するのを悲しむと嘆じた（傍点原文）。

蘇峰は論壇に登場したばかりの青年だが、すでに福沢の著作から濃厚な影響を受け、言論界における第一人者として福沢を目標に据えつつ、いかにこれを批判し、張り合うかに腐心していた。『国民之友』第八〇号（一八九〇年四月）に掲載された「文字の教を読む――文学者としての福沢諭吉君」では、「福沢君は、実に新日本の文学改革の喇叭手たりしなり、若し平民的文学――吾人に斯の如き句を用ゆるを許さば――の盛運を啓きたる者は、誰かととはゞ、吾人は猶予なく指を君に屈せざるを得ず」と表明している。

弟の徳冨蘆花《とくとみろか》は妻・愛子との共著による自伝的小説『富士』で、「十代から記者を志した彼寅一に、福沢は標的の一人であつた。彼の同志社時代、「学問ノスヽメ」は一冊出る毎に購ふて、批圏で真黒にしたものである。十五六の彼は、坊間売つて居る福沢の写真の裏に「君コソハ我畏友ナリ」と書いて居た。彼の家塾の課外読本には福沢の文があつた。彼が雑誌には「文字の教を読む」と題して特に福沢の文を論じた。……兄が此論文を書く為に、熊次は東京中の古本屋を漁りあるいて漸《よう》く《や》其一冊を求めたものである」と述懐している（徳冨健次郎『蘆花全集』第一七巻、蘆花全集刊行会、一九二九年）。「寅一」は蘇峰、「熊次」は蘆花のことである。

一八八二年にはじめて福沢と面会した蘇峰は、すでに福沢の「官民調和論」が「姑息の妥協論」だという印象を抱いており、「先生は学者として世に立たれる積り乎、政治家として世に立たれる積り乎……先生の所論は何《いず》れとも予には判断しかねる」と迫り、福沢から「貴君は書物を読むか」「書物を読めば、追つて判るであらう」と返されている（徳富猪一郎『蘇峰自伝』中央公論社、一九三五年）。蘇峰は「物質的知識」を代表する福沢よりも「精神的道徳」を広めた新島襄を敬愛しており、新島を福沢に比肩させようと腐心した。『国民之友』第一七号（一八八八年三月）に寄せた「福沢諭吉君と新島襄君」でも、福沢は「物質的知識の教育」を、新島は「精神的道徳の教育」を代表しており、福沢が導入した「物質的知識上の文明」から「精神的道徳の文明を移し来るハ、実に今日の急務にして、吾人ハ新島君の事業の一日も速かに其感化を天下に及ほさんことを願ふ」と述べている（傍点原文）。次章で述べるように、蘇峰は福沢の「瘠我慢の説」を批判したが、それも福沢が批判した勝海舟を、新島が師と仰いだことに由来している。

†物質文明の輸入者

福沢を物質的文明の輸入者、代表者とみたのは蘇峰だけではない。例えば評論家で詩人の北村透谷《きたむらとうこく》は、一八九三年四月から五月にかけて『評論』第一号から第四号に連載した

「明治文学管見」で、幕末以降、「三田翁が着々として思想界に於ける領地を拡げ行くを見るなり」として、福沢は「物質的知識の進達を助けたり」と述べ、福沢は実用経済の道を開き、人材を養成して社会の実務にあて、「平民に対する預言者の張本人」としての役割を果たしたとしている。透谷は、福沢を「純然たる時代の驕児《きょうじ》」と称し、その改革は「外部の改革」に止まり、「国民の理想を嚮導」したものではないとして、福沢と相対する役割を担ったのが中村正直であると評した（勝本清一郎編『透谷全集』第二巻、岩波書店、一九五〇年）。

自由党、立憲改進党の二大政党系、さらには次世代の知識人からの批判を受けつつも、福沢はその持論である官民調和論を維持し、「改進主義」という意味で同じ立場に立つ政府と学者とが提携し、教育問題を中心として、大所高所から長期的な国益を論ずる場として、東京学士会院（現在の日本学士院）の創設に参加し、初代会長に就任している。経済分野でも、福沢は未だ根強かった「官尊民卑」の風潮を打破し、官民が対等に争論するという意味での「官民調和」の必要性を唱え、例えば鉄道事業も民営を基本としつつ、民間での経営が困難な場合は官営でも建設を急ぐべきだと述べた。政治史上も、日清戦争に際して政府と議会が協力して、挙国一致体制が築かれ、まだ存命であった福沢は、これを「官民一致」として大いに評価することになる。

6　徳育論争

†政府の徳育政策

福沢が維新以来、自らの活動基盤としてきたのは、学問であり、教育であった。「官民調和」という意味でも、福沢は、慶應義塾の生徒にも官公立学校の生徒と同様に徴兵猶予の特典を与え、公平にするよう訴えている。

福沢にとって学校は、単に知識を教授すればよい組織ではなかった。慶應義塾の建学の理念に「気品の泉源」「智徳の模範」が掲げられているように、道徳心の育成もまた、その重要課題だったのである。明治政府にとっても、国民の道徳心をいかに育成するか、という徳育問題は、重要課題であり続けた。一八七九年には、明治天皇の聖旨を受けた侍補の元田《もとだ》永孚《ながざね》が「教学聖旨」を起草し、「教学ノ要」は「仁義忠孝」を明らかにして、「智識才芸」を究め、「人道」を尽くすことであり、それは「我祖訓国典ノ大旨」であると述べ、文明開化の風潮によって品行や風俗が乱れ、「仁義忠孝」の精神が廃れて西洋化一辺倒になっていることを戒めた（片山清一『資料・教育勅語――渙発時および関連諸資料』高陵社書店、一九七四年)。

明治天皇からこれを示された内務卿の伊藤博文は、「教育議」と題する意見書を提出し、風俗が乱れているのは「鎖国封建」の旧制度を改めたためであり、士族の反乱が続発することで「言論ノ敗レ」が生じているとして、一八七二年に制定された学制を発展・拡張させ、高等教育では科学を重視すべきだと述べたが、これに対し元田は「教育議附議」を提出して、「西洋ノ修身学」は「孝経論孟学庸詩書」に及ばず、君臣関係が希薄で夫婦関係を父子関係の上に置くなど、日本にそぐわないものであり、あくまで「四書五経」を主とした道徳教育を施すべきである、と反論した。科学教育に関しても、高等学校では科学に止まらず、「道徳経綸」を養成して「輔相」となる器量を研磨すべきだと主張している(同前)。

†『徳育如何』

道徳教育の軸を、西洋学とすべきか、儒教とすべきか。こうした議論が政府内で交わされる中、福沢が一八八二年に発表したのが『徳育如何』である。福沢は、今の子弟が品行を欠き、徳育が廃れているとして、「周公孔子の道を説き、漢土聖人の教を以て徳育の根本」に立てようとする意見があるが、「其憂る所は甚だ尤もなりと思へども、此憂を救ふの方便に至ては毫も感服すること能はざる者なり」と、元田のような方向性には異を唱えた。福沢は、子どもが「不遜軽躁」に変じたのは学校教育の問題だけでなく、「開国に次で政府の革命」が原因となったとして、明治維新と廃藩置県によって君臣関係や身分秩序が崩壊し、教育法のみならず「公議輿論《こうぎよろん》」が変化した点を指摘し、人心が「開進」に進み、その結果、「徳教の薄き」に至り、不品行な学者がその傾向を促進してきた、とする。

福沢は、「一身既に独立すれば眼を転じて他人の独立を勧め、遂に同国人と共に一国の独立を謀るも自然の順序なれば、自主独立の一義、以つて君に仕ふ可し」と個人の独立の重要性を強調し、これによって父母への孝行、夫婦の倫理、長幼の序、朋友の信から「天下の大計」に至るまで、一切の秩序が包羅されるという。かくして福沢は、「今日の徳教は輿論に従て自主独立の旨に変ず可き時節なれば、周公孔子の教も亦自主独立論の中に包羅して之を利用せんと欲するのみ」と持論を展開する（前掲『福沢諭吉全集』第五巻）。

同年一二月二〇日・二一日付『時事新報』に連載された「徳育余論」で福沢は、この「公議輿論」を次第に「高尚」にすることで「公私」の徳義が重んぜられる風潮が生じるとし、「公議輿論」は学者社会の議論ではなく、「下流無数ノ人民中ニ行ハル、気風」である、と述べている。こうした気風を制するのは「士君子」であり、今の教師と生徒の関係は地方官（知事）と人民の関係を髣髴とさせるが、地方官は「不徳」で「一般ノ私徳品行ヲ左右スルニ足ラザルコト果シテ事実」であり、公立学校の教師も「学校ノ規則」に拘束される以上、重要な意義を持つのは「家塾私塾」である、という。その上で福沢は、日本の学校全体を私立学校にすべきだとの持論を述べ、そうなれば、「教場ノ実際ニ乱動ヲ起スコトナクシテ旧教官ト生徒トノ間ニハ稍ヤ師弟ノ交情ヲ生ジ」るとの展望を示しているが、「徳心ニ感ズルコト深カラズ」であるため、「下流人民ノ徳心」を養う上で「無限ノ勢力」を有する宗教の力を借りるほかない、と結論している。

さらに福沢は、翌年一一月二二日から二九日にかけて『時事新報』に連載した「徳教之説」でも、宗教は道徳を修めて身を慎む上での「方便」であり、「社会道徳」に不可欠のものであると述べつつ、「上流ノ士人」は忠義を重んじて交友関係を築き、社会を組織し、宗教に依頼せずに道徳を維持しており、「士人」は外国との交際に際して「報国ノ誠心」を抱いているとして、「日本国民ハ唯コノ一帝室ニ忠ヲ尽シテ他ニ顧ル所アル可ラズ」と主張している。

†徳育論議

思想家・教育者として知られる西村茂樹は、一八八七年に刊行した『日本道徳論』において、人心が腐敗して「全国の大計」に無関心となり、「己の私見」の主張ばかりするようになると、「其国を滅ぼす」と懸念し、儒教でも哲学でも仏教でもキリスト教でも、まず「我身を善くし」、次に「我家を善くし」、「我郷里を善くし」、「我本国を善くし」、最後に「他国の人民を善くす」、というのが共通の目的であるとする。しかし、仏教を信じているのは「下等の民」のみであり、「民心の向ふ所」が一定しなければ国家が強固にならないとする西村は、「至貴至尊」の皇室に民心を「帰向」させるべきだと述べた(西村茂樹述/日本弘道会編『日本弘道会大意・日本道徳論』日本弘道会、一九一七年、傍点原文)。

同年に、思想家の杉浦重剛《すぎうらじゅうごう》は『日本教育原論』において、西洋のように徳育に宗教を用いるのを不可とし、儒教も欧米との外交関係から不都合を来すとして、学校教育に限定せず、寄席や演劇、花柳社会、相撲や新聞、小説など、あらゆる機会を通じて智徳を養成すべきだと説いた。やはり同年には加藤弘之が『徳育方法案』を刊行し、「宗教主義の徳育より、他に効力のあるものは決してなからふと思ひます」と述べて、神道、仏教、キリスト教に儒教を加え、公立小中学校に修身科を設けて、その信じる宗教によって宗教別の修身科で学ばせるよう提唱している(前掲『資料・教育勅語――渙発時および関連諸資料』)。

このほかにも、様々なジャーナリストや知識人、また雑誌の読者の間で、徳育に関する議論がさかんに交わされて、一八八八年頃まで論争が続いたといわれている。多様な徳育論が噴出したことは、現場の教師や子どもたち、そしてその親に不安や戸惑いを抱かせ、そのなかで、教育の指針としての教育勅語が生まれて、勅語は不安定だった教育の方針を明示したものとして、広く受容されていった。福沢の主張である宗教利用論は、他の論者にもみられるもので、特に独創的なものではないが、その前提となった学校私学化論には、私学経営者としての個性が際立っており、福沢自身、その持論としたところであった。

この宗教と教育勅語が、福沢が知識人からの批判を受ける重要な論点となっていく。

7　宗教論争

†実用的宗教論

福沢自身は特定の信仰をもたず、子どもの頃から迷信を嫌っていたことは有名である。その一方で、宗教がもつ道徳的感化力については、これを評価し、当初は浄土真宗をはじめとする仏教、続いてユニテリアンに代表されるキリスト教に期待し、晩年には、仏教でもキリスト教でも、民心を和らげるようにしてほしい、という宗教観に到達していく。あくまで、品行を維持するための手段として宗教を捉える、というプラグマティックな姿勢は変わらない。

例えば、一八七八年に刊行した『通俗国権論』で福沢は、西洋におけるキリスト教は日本における仏教のようなもので、いずれが正しいかはわからないが、善をなせば極楽へ上り、悪をなせば地獄へ落ちるという趣旨は同様であり、教義は双方ともに意味深遠であるため、仏教による文明開化も可能ではないか、と述べている。そして、日本の「士人」はほとんど宗教を信じないで品行を維持し、宗教を敵視することなく、「宗教の外に逍遥してよく幸福を全ふ」していると述べている。

この記述は読者からの批判を招いたようで、福沢自身、『通俗国権論 二編』で、「宗教の外に逍遥して」の文言が「世上一、二の人は甚だ之を悦ばず、著者を目して不信なり薄情なり人を煽動する者なりとて、餓鬼外道の如くに罵言する者あり」と厳しい反論を受けたと記している。その上で福沢は、実際に「日本の士人」は寺院で説法を聞くことはまれで、本山の参詣にも行かず、神仏の開帳にも熱心でない、などと例を挙げ、たしかに士人に信仰心はないが、亡友の墓碑銘を刻し、父母の忌日に法事を催し、僧侶の読経を聞いて挨拶し、氏神の祭礼では宴席を開くなど、宗教の慣例行事は欠かさないとして、これを「よく其心身を安んじて其品行を維持し、識らず知らずの際に社会の幸福を致す、人生の美事これより大なるはなし」と表現した。

他方、「士人」ではない「愚民」については、偶像を崇拝しても、十字架を戴いても、蛇を拝んでも、何の宗教を信じても自由で、むしろ「品行を維持するの方便」として信仰心は重要である、と福沢は述べている（慶應義塾編『福沢諭吉全集』第四巻、岩波書店、一九七〇年）。

一八八一年の『時《じ》事小言《じしょうげん》』でも福沢は、どの宗教が優れ、間違っているかはわからないとしながらも、「国権の保護」を目的として「人民の気力」に注意するとき、西洋の「形態」としての学問や技芸、法律などでなく、「精神」としてのキリスト教を取り入れようとする傾向には異議を唱え、日本人がキリスト教に入信することは、外国勢力の内政干渉を呼び込むとして、「耶蘇宗教の蔓延は、後世子孫、国権維持の為に大なる障害と云ふ可し。今日の信者にして其蔓延を助成する者は、自ら国権を殺減する人と云ふ可し」と断じた。宗教上、「外国の教」に帰依した以上、「政治上」のこととの分界が曖昧になり、「外国」と対峙する気力が乏しくなる、と福沢は指摘する。

その上で、日本の宗教は古来、仏教であり、特に「下流土民」とって仏教の教えは必要であり、「我国の仏法は我固有のものなれば、之を無疵に保護して傍に外教を防ぎ、以て人民護国の気力を損ずることなきを勉む可し」と福沢は主張する（前掲『福沢諭吉全集』第五巻）。この当時、福沢は仏教による「下流」の人民の感化に期待していた。

†キリスト者の反発

こうした主張が、特にキリスト教徒を刺激したことは、想像するまでもない。日本キリスト教界の総合雑誌であった『六合雑誌』の第二巻第一四号から二三号（一八八一年一一月〜一八八二年五月）に、プロテスタント指導者の植村正久が「福沢諭吉氏時事小言」と題する論説を連載し、福沢が『時事小言』において「宗教ヲ論ズルヤ其説一モ見ル可キモノナク陋隘浅薄ニシテ苟クモ学者タルモノノ考案トハ思ハレズ」として、「先生ノ狭隘ナル宗教論ヲ排撃スル」と宣言した。

植村は、福沢が儒教とキリスト教が同一の弊害を持つと捉え、その異同を詳らかにしないまま、「耶蘇教ハ国権ニ害アリト云ハル、ハ実ニ妄誕ノ甚シキモノ」と批判し、福沢が新約聖書も読まずにこれを書いたとすれば、「先生ガ学者ヲ以テ自任スルニハ似モ付カヌ」と痛論する。植村は、「余輩基督信徒ガ此大八洲ヲ懐フノ切ナル者一歩モ世人ニ譲ル可シトハ覚ヘズ」と述べ、日本の士人が信仰心なく品行を維持しているとの主張にも、日本の「士族学者」は「節義忠誠博愛ノ念ニ乏」しいと反論し、道徳の観点からみて、「宗教ハ日本人民一般ニ必要ナルモノナリ」と主張した。

同誌第三巻第二六号（一八八二年八月）に「駁福沢氏耶蘇教論」を寄せた長老派の指導

者・吉岡弘毅も、福沢がキリスト教について研究しないままキリスト教批判を展開していることを「学者ニアルマキジキ挙動」と批判し、キリスト教が日本で広まると、西洋諸国と戦争となった際に、漢学者が中国に対するような姿勢がみられるようになるとの福沢の懸念に対して、福沢は「我日本帝国ヲシテ強盗国ニ変セシメント謀ル者ナリ」と難じた。中国・朝鮮とは「親睦」を厚くし、「決シテ此等ノ諸国ト兵端ヲ開クベカラズ況ヤ之レニ対シ無名ノ師ヲ起スニ於テオヤ」と主張する吉岡は、「耶蘇教徒ハ無闇ニ同教ノ西洋贔屓ヲ倣シ彼ト交戦ノ時ニハ鉾ヲ倒ニスルナラン」との意見は「暴論」だと反論し、この論駁に異論があれば反撃してほしいと呼びかけている。

無教会派の内村鑑三も一八九七年九月一一日付の『万朝報』に掲載された「福沢氏の宗教家に対する説教」で、福沢によって「低級無知なる庶民」として位置付けられた「迷信的なる我々」は、福沢が宗教を軽視するなかで、いかにして「宗教的」たるべきかを説いている。福沢は、自らが真実だと信ずるものを信じるよう、日本人に勧める権利をもたない。内村は、福沢は自らが信仰をもたないことを誇りながら、宗教の有用性を説くことによって、「己が良心と己が国人とを害しつゝありと余輩は信ずるなり」と皮肉を込めている（内村鑑三『内村鑑三全集』第三巻、岩波書店、一九五四年）。

内村の批判は福沢の死去直後にも展開され、宗教を侮辱し、迷信と捉え、有識者には無用のものとする日本人に、福沢とその門下生を挙げている。内村は福沢が「利慾」という害毒を拡散させ、その金銭観や実業観が政府の富国強兵政策を正当化・大衆化させたといった批判も試みているが、他方で、藩閥政府批判論者、自由平等主義思想家、国民的教育家、「偉大なる平民」としての福沢には賛意を示していた。

このほか、『東京横浜毎日新聞』の記者・波多野伝三郎は、『嚶鳴雑誌』第四一号(一八八二年三月)に「読福沢君僧侶論」を掲載し、福沢が仏教をもってキリスト教の拡大を防ごうと述べた点について、「予輩ハ信教ノ自由ヲ主張スル者ナリ」とした上で、福沢の主張は「臆断無証ノ放言」であり、仏教もまた外国から伝播したものであり、キリスト教も今から「年所ヲ経ル久シケレハ」日本固有のものとなるのではないか、「経世ノ点」から観察して何故キリスト教を防がなければならないのか、外国から伝播したものも「若干年」を経れば固有のものというべきではないか、宗教の是非を問わず「新来」のものを防ぐべき理由は何か、を『時事新報』の記者を介して福沢に問うとしている。演説でも新聞でも、福沢の好むところで「論場」を開きたいと波多野は宣言した。

植村や内村などから批判を受けながらも、道徳心養成の方便としてのみ宗教を捉え、自らは特定の信仰をもたない姿勢を変えなかった福沢にとって、避けて通れない問題が発生する。一八九〇年一〇月、明治天皇が教育勅語を発し、国家としてのモラルコードが定められたのである。

8　修身要領論争

†教育勅語と修身要領

先述の教学聖旨の延長線上で、教育勅語が発布された。その直後、福沢は一八九〇年一一月五日付『時事新報』に社説「教育に関する勅語」を掲げ、「我天皇陛下が我々臣民の教育に叡慮を労せらるゝの深き誰か感泣せざるものあらんや……孝悌忠信愛国の精神を渙発し聖意の在る所を貫徹せしむ可きは我輩の信じて疑はざる所なり」と、勅語を高く評価している。福沢は、維新当初にこうした方針が示されていなかったために、政府当局者の更迭によって教育方針が数年単位で変更され、人民が混乱してきたと述べ、これを期に政府が「反省」して、「今後よく聖意の在る所を貫徹せしむるに惰《おこた》らざらん事を祈る者なり」と求めた。

こうして表面では歓迎しているが、福沢自身、あまり勅語を面白くは思っていなかったようである。一八九二年一一月三〇日付『時事新報』の社説「教育の方針変化の結果」で福沢は、明治一四年の政変以来、政府が「教育の方針を誤りたるの一事こそ失策中の失策」であったと述べ、具体的には「古学主義を復活せしめ所謂鴻儒碩学《こうじゅせきがく》の古老先生を学校の教師に聘《へい》し或は新に修身書を編輯選定して生徒の読本に充て甚だしきは外国語の教授を止むる等、専ら古流の道徳を奨励して満天下の教育を忠孝愛国の範囲内に跼蹐《きょくせき》せしめんと試みた」と、儒教主義教育の復活に強い嫌悪感を示している。

この後、一八九四年に日清戦争がはじまり、同年に日英通商航海条約が締結されて、条約改正が一部実現するとともに、外国人の内地雑居が認められることとなった。内地雑居や日清戦争後の思想的混迷を前に、福沢は当時の社会にふさわしい修身処世要綱を作成することを提唱して、一八九九年から門下生がその編纂に取り組みはじめた。

翌年に完成したそれは「修身要領」と名付けられ、「独立自尊」がキーワードとして謳われて、その主義をもって修身処世の要領とするとされ、「徳教は人文の進歩と共に変化するの約束」とした上で、個人の道徳や男女・家族関係、社会道徳、国民道徳、独立自尊主義の普及に関する条文で構成された。心身の独立を全うし、自らその身を尊重して、身体の健康を維持し、自ら思慮判断する智力を有する個人が独立自尊の人とされ、家庭においても、親が子どもを独立自尊の男女として育てるよう教育することが定められている。以後、修身要領の普及活動が進められ、門下生たちが各地で講演会を開くとともに、慶應義塾でも積極的に教材として利用した。

修身要領は、教育勅語との整合性や、独立自尊の解釈などをめぐって、大きな論争を巻き起こすこととなる。

†井上哲次郎の修身要領批判

一九〇〇年三月、慶應義塾長の鎌田栄吉は、「修身要領の略解」と題する演説筆記を『慶應義塾学報』(第二五号)に寄せ、修身要領の逐条解説を試みている。その冒頭で鎌田は、今日の男女が社会で生きる道をどうすべきかを考えた際、「古来道徳」がまったく役に立たず、道徳は「人文の進歩と共に変化」するため、「修身処世の法」を新たにする必要が生じた、と編纂の趣旨を語っている。

独立自尊の人間像については、「精神、身体の独立を全くして少しも人に依らずして自ら其自身を高からしめ、其自分の心身を尊重して苟も自ら賤しむと云ふことがあつてはならぬ」と鎌田は述べ、個人主義や我儘放題と解釈されるのを避けるため、「自尊と云つたからとて自ら独尊自負傍若無人他人を軽蔑するのとは大変違ふ」と強調し、他人を尊重して、その権利を侵すようなことがあってはならないと解説した。男女の関係については、「文明の男女」は「同等同位」で、「格式の等差」がなくなって互いに愛し尊敬する関係にあり、女子にも男子と同様の権利を与え、独立自尊を全うすべきだとし、子育てにあたっても、子どもはまだ「独立自尊の生活をするだけの思慮分別」がないため、親がそれを養っていく責務を尽くさねばならない、としている。

当時を代表する総合雑誌であった『太陽』(第六巻第九号、一九〇〇年七月)に掲載された「福沢翁の『修身要領』に対する争論」と題する記事は、修身要領発表後、「新聞に雑誌に演説に賛否の声喧しかりしが、其の反対論の中にても最も世人の注意を惹き起せるは文学博士井上哲次郎氏の談論なるべし」と評している。同誌第六巻第六号(一九〇〇年五月)に寄せた「道徳主義としての独立自尊」で井上哲次郎(東京帝国大学文科大学長)は、「独立自尊」は個人が自己の権利を保全し、自由の発達を目指し、他人によって抑制されないことを意味し、「個人主義」「自由主義」の異名・別称であるとする。会社であれば社長や社則、学校であれば校長や校則、教会であれば長老や教条といった上司やルールに「服従」することが「美徳」であり、「社会の安寧秩序を保持する所以」であるとする井上は、独立自尊を道徳主義として実践することで、その個人が自滅するか、社会の秩序を破壊させるにいたる、と懸念を表明した。独立自尊は「利己主義」や「傲情」に流れやすい、とも指摘する(傍点原文)。

『教育学術界』第一巻第七号(一九〇〇年五月)に掲載された「福沢翁の『修身要領』を評

す」でも井上は同様の指摘をしており、「何等の証権をも取らざる所の独立自尊は危し。到底幾多の証権を取らざれば自ら安ずるを得ず……服従なき独立自尊は之を下層に伝播すれば破壊的運動とならざるやも亦保し難し」と強い警戒感を示した。

そもそも、道徳は時代によって変化しうるものか、という点にも、井上は問題提起している。翌月一〇日刊行の『哲学雑誌』第一五巻第一六〇号に掲載された「独立自尊主義の道徳を論ず」で井上は、道徳が変化するものならば、どの時代にいかなる主義をとるべきか、その時期と主義は誰が定めるのか、誰もが定めうる主観的なものに過ぎないのであれば、道徳は「不定」であり、道徳を否定することになる、と述べ、道徳が常識によって規定されるのであれば、道徳を科学的に研究する倫理学を否定することになり、それは科学を侮辱することになる、と主張した。そして井上はいう。修身要領が「忠孝」ではなく「独立自尊」を唱えるのは、「分明に教育勅語と相背馳せり」。はじめから勅語に反すると自覚して発表したことは疑いなく、「強ひて異説を標榜して勅語を蔑如するの嫌なきにあらず」、と。

井上は政府から教育勅語の解説書である『勅語衍義』を執筆するよう依頼され、その草案を作成、井上毅や中村正直、加藤弘之などが修正を加えて完成した。井上はここで、国民は一種の家族であり、家庭内で親に従うように、国家では臣民が天皇に従う必要があると唱えている。国民を家族と捉えること自体は福沢と理解を同じくしていたが、井上はそれを利用しながら君臣関係を強調し、勅語と国民道徳の樹立に全力を傾けた。その井上にとって、「忠孝」に反すると考えられた修身要領が、勅語に背馳すると理解されたのも当然であった。

†修身要領の課題

慶應義塾側としても、黙止してはいられない。慶應義塾教員の林毅陸《はやしきろく》は、『慶應義塾学報』第二八号（一九〇〇年六月）に「修身要領に対する井上哲次郎氏の批評を読む」と題する反駁文を寄せ、独立自尊が個人の自滅と社会秩序の破壊をもたらすとの指摘を「誤解」であるとし、「守るべき者は之を守り、従ふべき者は之に従ひ、以て自他相犯さずして社会の秩序安寧を維持せんことは、修身要領の明に教ふる所」であり、否定するのは自己の自由意志に基づく「服従」ではなく、「盲従」や奴隷的服従である、と反論した。道徳の変化を認めることは、倫理学や科学を否定したものだという井上の主張に対しては、「虚空を撃て快とするもの」で、井上が徳教の語を道徳の究極の目的を意味するものと独断的に解釈した妄想に過ぎないと断じた（傍点原文）。

教育勅語に反するのではないか、との批判については、この同月に発表された井上の指摘であるためか、林は反論はしていないが、『時事新報』六月一五日付から二五日付まで、修身要領に対する「種々の評論」に応答すべく連載された「修身要領講演」では、初回の冒頭で「帝室は万世一系……帝国の臣民たるものは只その恩徳を仰ぎて各々その職分の命ずる所に従ひ一意忠節を尽すの一義あるのみ」と強調されている。あるいは、井上を含めた批判への応答であったのかもしれない。

修身要領の根本理念を問う意見も存在した。雑誌『天地人』第三三号(一九〇〇年四月)に「天外逸士」名で掲載された「福沢翁の修身要領に於ける根本思想」は、「自尊」の定義、すなわち、なぜ人間が自らを省みて尊敬すべきなのかを解説すべきである、と指摘し、「人間の真性の価値は神霊論有神論によりて初めて説明するを得べければなり」と述べている。神の存在と、それによって創造された人間という前提を抜きにして、「自尊」の根拠は語れない、とするキリスト者からの批判であった。

一方、一九〇〇年三月六・七日付『万朝報』に「修身要領を読む」を連載した社会主義者の幸徳秋水は、君主専制時代を打破したのは個人自由主義であり、福沢がその思想を日本に伝えて改革に尽力し、功績を残したことを認めた上で、世界はさらに進展しており、もはや個人主義的文明の光輝は維持できない、と評する。個人主義は利己主義にならざるを得ず、それは自由競争と弱肉強食を生んでいる。その「弊毒」が世界に広がる今、「独立自尊」のみをもって修身の要領となすのは、危険ではないか。修身・道徳も「社会多数の福祉を以て其標準となすの公議公徳ならざる可らず」とする秋水は、これを説かずに「個人的独立自尊のみ」を教える修身要領は、「平等調和」のない自由競争の火に油を注ぐだけではないかと追及する。

同月一五日付『万朝報』に「志仁堂主人」名で掲載された「独立自尊とは何ぞや（福沢派の道徳主義、其修身要領）（承前）」は、自己を犠牲にする意を示さないものは「道徳」ではなく、修身要領にその点が記されていないことを批判し、「真成の道念ハ全く彼の派に絶無なる所と見えたり」として、福沢派は福沢が博士の学位を受けないことを「自尊」と称しているが、「慶應義塾基本金として百万円を人より募るとハ敢て辞せざるなり」と、福沢が慶應義塾維持資金を政府から借り入れようとした問題を指摘し、「『独立自尊』と云ふハ芸妓の称する『独立自前』なるものより以上なるにハ非らず」と攻撃した。

その他の修身要領評についても、一瞥しておこう。総合雑誌『中央公論』第一五年第三号（一九〇〇年三月）の社論「福沢翁の修身要領」は、独立自尊主義が総ての社会道徳を包含しうるかについては議論の余地があるものの、西洋諸国の精神を拡張・発展させたものであり、未だ権力が著しく政府に偏在している日本にあって、個人の権利・自由や男女平等を謳った独立自尊主義の修身要領を唱えることは、現在にとって「適症剤」であると評した。「今顧て福沢翁を見る、翁は徹頭徹尾独立の人なり、自尊の人也、政府の力に仮りたるにあらず、他人の保護を仰きたるにあらず、自営自活自家のナイフを揮て乾坤を拓開《ママ》したるの人也」として、同誌は独立自尊主義を唱えうる人は福沢の他に存在しない、と論じている（傍点原文）。

かくして修身要領は、評価や賞賛の反響がある一方で、倫理学、教育勅語、キリスト教、そして社会主義といった様々な立場からの攻撃を受けた。井上の批判には多くの反論の余地があったが、当時を代表する総合雑誌である『太陽』で、東京帝国大学文科大学長という権威が猛批判を加えたことのインパクトは大きく、世界観や次元を異にするキリスト者や社会主義者からの批判は、さらに応じにくいものであったにちがいない。福沢自身は、あくまで門下生が編纂したものという建前から、表だって修身要領を宣伝した形跡はないが、勅語との整合性や神の承認、社会福祉への貢献を求める多様な批判をどう受け止め、どう読んだのであろうか。その感想や応答を発することのないまま、福沢は、この世を去ろうとしている。

学者職分論争から修身要領論争に至るまで、「民」の代表者を自負し、その模範を示すことをモットーとして生きた福沢は、たしかに「民」の代表者としての評価を得て、その最期を迎えることになった。知識人たちが福沢の死をどう評価したかは次章で論ずるが、福沢の存命期においても、年を重ねるにつれて、次第にその影響力を減退させていったことは、指摘しておかなければならない。徳富蘇峰が『新日本之青年』(集成社)で福沢の『徳育如何』が具体的な教育の改良手段を欠いていると批判し、自らを「明治ノ青年」、福沢を「天保ノ老人」と呼んで、我々が老人を導くと宣言したのは一八八七年のことであり、福沢の最晩年に、幸徳秋水が修身要領について、個人主義に偏重し、社会福祉的視点が欠けていると批判したのは、すでに述べた通りである。

世代もイデオロギーも、移り変わりつつあった。官民調和論は政権に妥協的であるとして同時代の知識人から批判を受け、福沢自身、道徳教育を語り、修身要領を編纂させつつも、教育勅語に正面から挑戦することはなかった。こうした現状維持的、あるいは穏健な姿勢が、太平洋戦争の敗戦後、戦後歴史学の側から厳しく指弾されることになる。

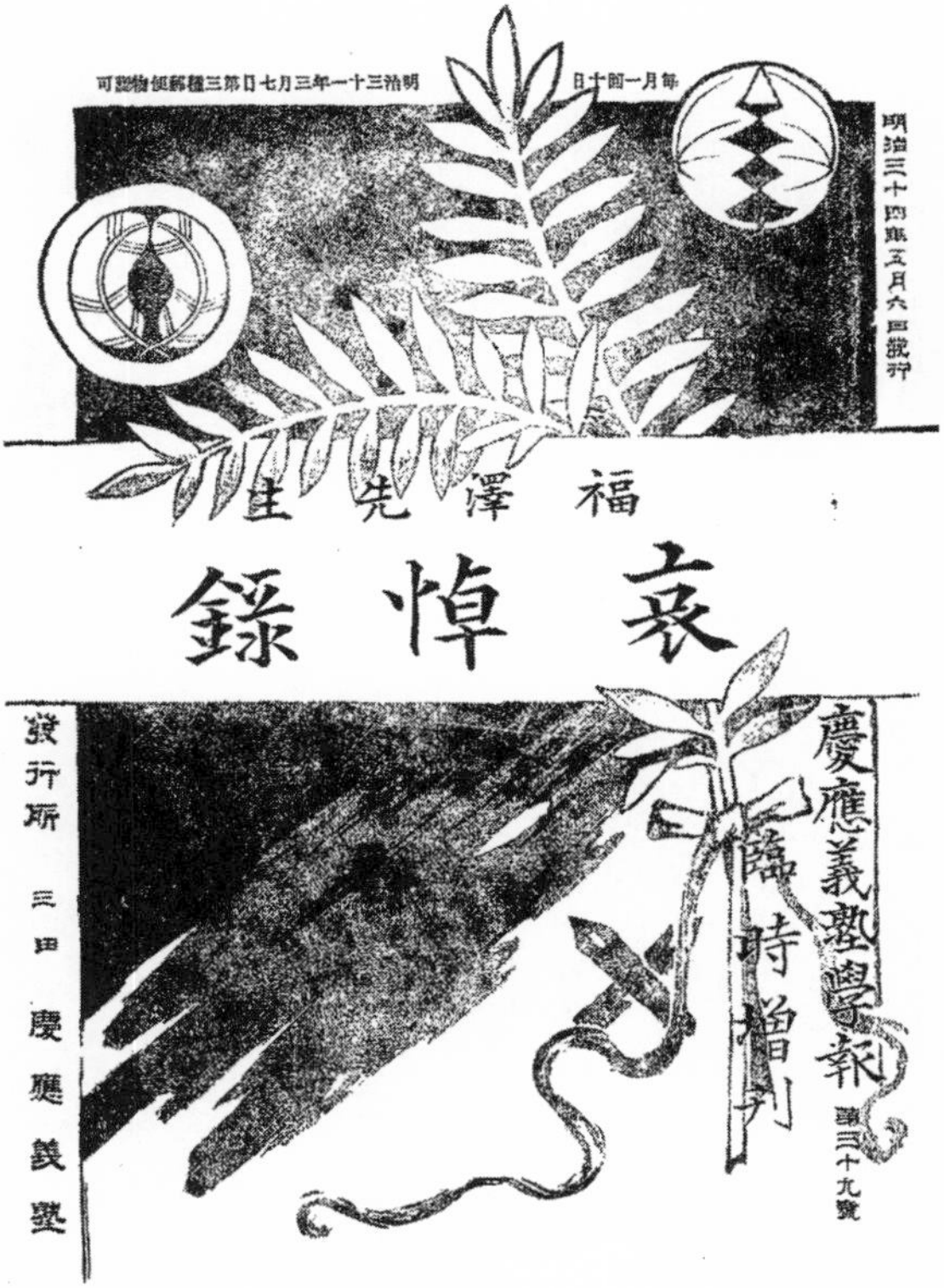

第二章
死去
——『福沢先生哀悼録』にみる「文明」の先導者

『福沢先生哀悼録』表紙

1　福沢の死と主要新聞

†蘇峰と桜痴

一九〇一年（明治三四年）二月三日、福沢諭吉はこの世を去った。その直後から、全国の新聞・雑誌に多くの追悼記事が寄せられ、慶應義塾では、『慶應義塾学報』第三九号・臨時増刊（一九〇一年五月）としてこれをまとめ、占部《うらべ》百太郎《ひやくたろう》編『福沢先生哀悼録』（慶應義塾学報発行所、一九〇一年）と題して刊行している。知識人たちは福沢の死をどう受け止め、その生涯をどのように評価したのか。以下、同書の内容を整理しながら、この点を検討していきたい（本章での引用は、詳しい書誌情報を記載しない場合、すべて同書に依っている。傍点はすべて原文）。

まずは、当時の主要新聞の追悼記事である。徳富蘇峰が主宰していた『国民新聞』は、「福沢諭吉氏を吊す」と題して、福沢から恩恵を受けてきた「債務者」であることを自覚しつつ、福沢は「其多数に対しては、訓導者たり、其少数者に対しては、刺戟者たり。福沢氏の明治の生活及び思想に及ぼせし勢力の大にして、効果の多き、殆んど比類なしと謂ふ可し」と、その功績を称えながら、「反対の意見を催起した」点にも言及している。

同紙は、慶應義塾の創立をはじめとした「学校的教育」家として、また『学問のすゝめ』をはじめとするベストセラーによって多数を感化した「社会的教育家」として福沢を評価し、欧米の文明を日本に紹介して、「我国の陋習」を攻撃し、商工業を尊び、官吏の傲慢を抑え、実学を奨励した点を特筆し、その場合、「如何なる場合にも、当局者たらざりき」と、常に在野に身を置いて、「大ひなる評議者として、諷示者として、提説者として、至大の関渉を、当世に有した」と評し、「時として一個の福沢諭吉は、帝国議会よりも、大ひなる勢力を有したれば也」と称えた。同紙は福沢が「独自一己」を全うした「一個の大平民」であったとし、世間から「拝金宗の俗物」と称されたが、実は「武士的真骨頭ある快男子」であったとしている。

福沢と「天下の双福」と呼ばれた福地源一郎（桜痴）率いる『東京日日新聞』（現在の毎日新聞）は「福沢翁逝く」において、福沢が「平易話言に近きの文体を創開」して、わかりやすく科学の原則や近代の知識を明治初年に普及させた点を評価し、思想家としては体系的な哲学を残さなかったものの、爵位や階級を嫌い、士族の遺伝性を好み、僧侶の堕落を慨嘆し、宗教としてはキリスト教に向かわずに仏教に依拠し、「古の武士道を忘るゝ能はず一個独立の日本士人」をもって標榜し、「偉大の凡人」として生きた点を強調している。教育家としては「立身処世の道」を説いたが、「功利に趨《はし》りたるの病」があったと指摘し、やはり「拝金宗」と嘲られた点に触れつつ、それは維新期に日本人が「財利の力を蔑視したるの時病を救はんとしたるに出でたるを疑はざる」と弁護している。修身要領には賛成できないとした上で、慶應義塾の教育が人材育成に貢献した功績は大きいと評した。

†読売、朝日、万朝報

『読売新聞』は「福沢先生逝く」と題して、福沢が著作や新聞、学校を通して教導・教育に励んだことは「事業の形体」に過ぎず、福沢が偉大な所以は、「思想の先駆者として社会の改革者として国民の指導者として一世を風化したるの宏大なるに在り」と評している。とりわけ、幕末以来の社会の改革期にあって、「独り社会の生活国民の智能に着眼」し、平易な文章で「文明新奇の思想を述作」して国民を導いたのは、「恰も暗夜に光明を得たるが如く」であったと称えた。その人格については、「無位無爵の大平民」として独立独歩の道を歩み、「独立自尊自労自活の主義」を貫いて「天爵」を楽しみ、「人品の崇高にして風采の雄麗なる遂に推して以て天下の第一品」となったとしている。

同紙も、福沢が「拝金宗」と批判された点に触れ、これは「門下の腐敗を見て未だ大人の本領を窺ふこと能はざるものなり」と福沢を弁護し、福沢が「殖財の必要」を説いたのは「独立自尊」のためであり、「官」や他人に頼らず「自力独往」しようとする以上、「自活の資」が不可欠と判断したためだと分析した。

『東京朝日新聞』（現在の朝日新聞）は「福沢翁を惜む」で、福沢が慶應義塾を創設して多くの人材を養成して新規事業にあたらせたほか、「特に表出するの必要を感ずる」点は、「一個の士人か其志に殉し特立独行するの節操の模範を示したる事」であり、これによって「国家の官位名爵を仮らず個人的に力を世界に致すの道あるを明にしたる事」で、権力と拮抗し、これを矯正する勢力を三田に構築したのは「翁の一生の偉観」であったと評価している。個人としても、「幸福なる家族的生活」の模範を作り、晩年は、「全国男女の気品を高尚にし文明国民の名に愧ぢざらしむる」ために「活きたる手本」を示したとして、その死を惜しんでいる。

『万朝報』は「平凡の巨人」と題して、「巨人」には才能と腕力を用いて時代を動かし、名声を得た軍人・政治家といった「非凡の巨人」と、「常軌」の範囲内で善を積み重ね、同時代人から欽慕される学者や教育家などの「平凡の巨人」があり、前者に比して後者は少なく、しかし、「社会文明」に貢献するところが大きい、とする。同紙は「非凡の巨人」として木戸孝允、西郷隆盛、大久保利通、岩崎弥太郎を挙げ、「平凡の巨人」として「僅に一個の故福沢翁に於て、其髣髴たるを認しのみ」とする。前章で述べたように、同紙で内村鑑三や幸徳秋水は福沢を批判しており、ここでも「吾人は平生、翁の所見に服せざる者多かりき」と表明した上で、福沢が西洋学を教え、多くの民を教育し、思想を革新して「現時の日本文明」を打破した功業は古びることはない、と評している。

各紙に共通するのは、福沢が「官」に頼らず、これに対抗し、自立した「民」の側に立って「文明」化を先導した「大平民」であったと評した点であろう。その意味で、維新当初に「民」にあることの手本をみせたいと考えた福沢の所願は、果たされたといってよい。追悼文である以上、その功績を称えるのが基本で、「拝金宗」という福沢に貼られたレッテルにも、各紙はそれぞれの角度から弁護している。『東京日日新聞』や『万朝報』のように、福沢と立場を異にする新聞でも、その点を示しつつも、福沢が残した功績は評価する論陣を張った。

2 知識人の評論

†三宅雪嶺の評論と「瘠我慢の説」

当時の知識人たちによる福沢評をみてみよう。評論家の三宅雪嶺は新聞『日本』に「福沢諭吉と大隈重信」と題した一文を寄せ、福沢と大隈は、骨格が逞しく腕力があり、弁舌に長じて理解も早く、経済にも敏感で、学校を設立して子弟を教育し、新聞で意見を発表した点などで共通しているが、福沢が「平民的」「素町人的」で、「無位にして無爵」であったのに対し、大隈は「貴族的」「公卿的」「大名的」で、「二位にして伯爵」である点が異なるとする。福沢は政党とは関わらなかったが、大隈は政党に関与した。その上で雪嶺は、福沢が偉大であった点は、「瘠我慢」と「独立自尊」の模範を示したところにあり、大隈はこの点で失敗した点が多く、独立自尊という意味で福沢は大隈の遥か上を行った、と評した。

雪嶺は政治評論団体である政教社の一員で、政教社はもともと、拝金宗的なイメージから福沢を忌避する傾向にあったが、その死去直前の一九〇一年一月に「瘠我慢の説」が『時事新報』で発表されたことを受け、福沢評価を一転させていた。「瘠我慢の説」は、戊辰戦争の際に江戸城を無血開城した勝海舟について福沢が、「瘠我慢」の精神を発揮して徹底抗戦すべきであり、無血開城は武士の精神を損なったものだと批判し、勝や榎本武揚が維新後に明治政府で高官となったことも痛撃したものである。政教社の機関誌『日本人』はこれを高く評価し、政教社と近い関係にあった『日本』も福沢がこれにより拝金宗の汚名から名誉を回復させたと論じた。雪嶺は同じ頃、福沢と植物学者の伊藤圭介を比較した文章で、伊藤が男爵の爵位を受けたことを批判し、福沢が爵位や栄典を受けなかったことを賞賛した。雪嶺が、福沢が瘠我慢や独立自尊の模範を示したと評したのは、このためである。

なお、「瘠我慢の説」については批判もあった。徳富蘇峰は一九〇一年一月一三日付『国民新聞』に掲載した「瘠我慢の説を読む」で、「瘠我慢」が重要なことは認めるが、これが日本の武士の精神を損なったという福沢の主張に対し、もし福沢のいう通りに徳川軍が徹底抗戦していれば、人が死に、財を失い、外国の干渉を受けたとして、勝はその危険を回避すべく命をかけて奔走したと述べ、勝こそが「打勝ち難き感情に打勝ちたるもの」で、「非常の場合に於ける挙国一致の適例を示したるもの也」と反論した。先述の同紙追悼記事にある「反対の意見を催起した」直近の事例が、これである。蘇峰が慕う新島襄もまた、勝を愛していた。

『太陽』第七巻第二号（一九〇一年二月）に掲載された無署名記事「福沢氏の瘠我慢説」も、「瘠我慢の説」は「国体」や「大勢」を理解しない「愚論」であるとして、朝廷と幕府は両立しないのが日本の国体であり、幕府が朝廷に政権を返上し、旧幕臣が朝廷に仕えるのは「忠良なる皇国の臣民」として当然だと述べて、勝や榎本の進退を弁護し、福沢は国家や皇室よりも黄金を重んじる「愚物」「前世紀のハイカラ党」だと酷評した。

蘇峰の批判を受けた福沢は、時事新報記者の石河幹明に当時の事情を語って「瘠我慢の説に対する評論に就て」と題する反駁文を発表させた。これは、外国政府が日本の内乱を契機に干渉を試みようとした事実は存在せず、勝が干渉を恐れたとすれば、「架空の想像」に基づく「無益の挙動」を演じたことになるが、勝はそこまで「迂闊の人物」ではない、としつつ、「左るにしても惜しむ可きは勝氏の晩節なり」と維新後に新政府で貴顕の地位に就いた点を批判し、これは「三河武士」の精神、一人の「士人たるの徳義操行」として認め得ない、と論じたものである(前掲『福沢諭吉全集』第六巻)。蘇峰がさらに福沢を攻撃した形跡はないが、福沢は最後の最後まで論争を巻き残して、この世を去っていたわけである。

†『太陽』と『中央公論』

生前の福沢に対し、鉄道論などをめぐって批判を浴びせていた経済学者の田口卯吉《たぐちうきち》は、『東京経済雑誌』に「福沢翁逝けり」と題する追悼文を掲げ、福沢とは貨幣論や輸出税をめぐって意見が対立し、「終に親炙するの機会を得ざりし」と述べた上で、福沢は「巨人」であり、慶應義塾や時事新報を興し、「独立独行」で他者に依存せず、明治初年から今日まで「欧米文明の一手販売者」であったと評している。福沢の功績は、封建時代の「末路」で英学を志した点にあり、その主張には批判もあったものの、福沢が残した「功」は藤原惺窩の上を行き、「我国家を飾るの人物」であったとして、「今之を失へり豈に哀しからずや」と慨嘆している。

帝国大学出身の評論家・大町桂月《おおまちけいげつ》が『太陽』に掲げた「福沢諭吉を吊す」も、福沢を「明治の先覚者」、「社会の指導者」、「西洋文明の輸入者」、「一種の事業家」などと評し、文明の移入を目指して独立自尊主義を一貫して実行した、と述べている。学者としての福沢は、漢学全盛期、尊王攘夷の時代に洋学を学び、「常識」によって物事を判断し、社会を大観したとして、大町は福沢を「常識的偉人」と評した。その常識は社会に警鐘を鳴らし、これを指導し、明治前半においては大きな影響力を誇ったものの、明治二十年以降は学問が進み、もはや学者とはみなされず、先覚者でもなかった、と大町は分析する。

福沢は儒学を排して慶應義塾を設立し、人材を養成して実業界などに輩出したが、人物としては「俗物」で、それが長所でもあり短所でもあった、と大町は評し、特に「金が第一」と主張したことが「黄金崇拝を醸し」たと批判して、西洋崇拝を助長したという意味でも、その負の側面は看過できないとしている。

『太陽』としても、「瘠我慢の説」への酷評の余韻を濃厚に引き継いだ福沢評だが、当時、『太陽』で編集主幹を務めていたのは高山樗牛《たかやまちよぎゆう》であり、その日本主義に基づく手厳しい福沢評価が誌面に反映された結果でもあった。樗牛は同紙第三巻第一七号（一八九七年九月）に掲載された「福沢諭吉氏」で、福沢の欧化主義が近年、『時事新報』紙上で極端に展開されているとして、維新当時に求められた開国主義・欧化主義を今展開するのは望ましくなく、福沢が晩年にこうした批判を受けるのは気の毒だと評した。樗牛は「日本中心主義」を唱え、「国民的自覚」に基づいて東西文明を比較検討すべきだと主張し、西洋一辺倒の福沢の意見は「要するに時勢を知らざるの説のみ」と批判する。

樗牛は同紙第四巻第九号・臨時増刊（一八九八年四月）に掲載された「明治三十年史」の「総論」を執筆しているが、そこで「日本主義」とは、日本国民が守るべき主義であり、「国体民生に本き、皇祖建国の丕図《ひと》を体認して其国家的大理想と国民的大抱負とを実現せむことを期する所の実践道徳の主義」を指すと述べ、「出世間的、非国家的」なキリスト教や仏教、フランス流の自由主義とは相容れず、「かの福沢氏一派の拝金宗抔と同日に論すべきものに非さることは、是派の人の所論にて十分に世の誤解を弁ずるに足るべし」と力説している。『太陽』の論調が福沢批判に傾くのも、当然であった。

衆議院議員でジャーナリストの島田三郎は「福沢先生を弔す」と題する追悼文（石川正作編『明治秀才文集』第三集、東洋社、一九〇五年）において、「先生は一代の師表にして、明治の社会先生に負ふ所極めて大なり」と評し、福沢を「大平民」と表現した上で、福沢の

「著述文章」は、「崇高宏大深遠幽玄の思想界」に触れるのではなく、「毎時眼前の程度より、一等を高めんとするに在り」と表現している。そのために福沢は、「見識分明」「信仰確実」「平易大胆」であることを心掛け、多くの人々を動かして「社会改造」の目的を達成し、「独立自尊」も言葉だけでなく実践し、「自主平等」についても階級に隷属した生活を打破し、「官尊民卑」の風潮にも自ら対峙し、「家庭の尊貴」も実例を示そうと努めた。「拝金宗」との批判について島田は、「其金銭を貴ぶの説法は、武士は食ねど高楊枝の気習を破《ママ》したる者に過ぎず」と弁護し、福沢が明治社会において占めた地位は、一八世紀のフランスにおけるヴォルテールのそれに似ていると評した。

『中央公論』は「福沢先生」と題する記事で、福沢の死によって日本国民が「今や回復す可らざる一大損失」を負ったと評価した上で、文明化が進展したとはいえ、それは蒸気や電光などの「形式」面においてであり、「精神」面では、「依然として旧日本の旧社会なるのみ」で、「政府は依然たる政府にして、人民は依然たる人民なり、政府は總ての勢力にして人民は總ての無勢力」というのが現状であるとする。ここから精神的な文明化を実現する指導者として、伊藤博文や大隈重信、星亨、伊東巳代治などには期待できず、ただ福沢に依頼するのみであったと評する同誌は、福沢が「無位無爵の一平民」であり、「王公に屈せず、下民に誇らず、一枝の筆、三寸の舌、保守的俗論に対しては進歩の為め、貴族的威権に対しては平民の為め、万丈の気を吐きたる」点を評価し、その修身要領については、「万代の真理、道徳主義」とはいえないものの、政府の外で、平民や婦人、輿論、公議が力なく腐敗堕落する社会にあって、福沢が貫いた独立自尊主義を福音であるとし、「文明改進の鼓吹者」「平民の味方」と福沢を称えた。

†キリスト者の反応

『六合雑誌』は「福沢先生」という記事を掲げ、福沢を一人の教育家としてみるのは誤謬であり、直接政治に携わらなかったものの、「大なる高尚なる意味に於ての大政治家」あるいは「大経世家」で、福沢が欧米思想を輸入し、「終始一貫して文明主義と平民主義を唱へ」た点が特徴的で、「修飾的、外形的」なことを避けて「実利」を重んじた点にも着目し、豪奢な生活を送る「貴族」に対して「徹頭徹尾平民主義」であったと強調した。何事にも「便利」をモットーとし、「不必要なる事を排斥」して、『時事新報』で福沢が用いた文体を『日本』と比較し、「漢文調の文体」を嫌って「平易の文体」を用いたとする。

同誌は福沢の「平民」的側面を強調し、「爵位を希望せぬ人」で、「四民同一」を唱道して「爵位などには毛頭考を置かなかつた」として、爵位を得た他の学者を酷評している。

もっとも、キリスト教雑誌としては不満もあり、もし福沢に「高潔なる宗教の観念」があれば、「一個たる米国紳士」となった、と指摘することを忘れてはいない。

やはりキリスト教系の『福音新報』は「福沢先生を悼む」と題する記事で、「宗教家に非ず、故に先生には真の神もなく、又何等の偶像もなかりき」と福沢を評し、福沢にとっての理想は「家庭の幸福」であり、そのために多くの犠牲を払い、来客中にも子どもたちが遊んで邪魔をするのをやめさせなかったというエピソードを紹介し、福沢が唱えた「自由主義」は、政治的自由にとどまらず、「家庭の中にも純然たる自由主義の実際に行はるゝ」と評し、「世の自由主義者」が家庭内で独裁君主のように振る舞い、妻子を奴隷のように扱うことを批判した。同紙は福沢が「文明開化」の福音を宣伝したことを評価し、物質的のみならず、間接的に「心霊的文明開化」も誘導したと称えている。

同紙には植村正久の「福沢先生を弔す」も掲載されているが、植村は、中津藩の下級藩士の家に生まれた福沢が階級制度を批判し、「人爵を蔑視し、上位に立つて下を陵辱するの愚を嘲ひ、殆んど之を児戯に類するものゝ如く見做して超然独立し、俠骨稜々、不羈自由の行路を開拓し、永く平民の冠冕《かんべん》となるを得たり」と評価した。植村は、福沢のこうした「平民的」姿勢を強調し、独立自尊主義は修身要領によってはじまったものではないと指摘して、福沢が「政治の批評家、社会の教導者、後進の師」を自認し、政治権力に関心をもたなかった点を賞賛している。「先生は常識の人なり」として、その「天分性格」をベンジャミン・フランクリンに擬しつつ、門下生には「拝金の徒」が少なくないと難じ、福沢自身、「崇拝の念」を欠いており、それがキリスト教のような信仰を理解できない要因となったと述べた（植村正久『植村全集』第七巻、植村全集刊行会、一九三二年）。植村が福沢の宗教論を批判したことは、前章で述べた通りである。

†仏教とジェンダー

仏教新聞の『明教新誌』には、梅原薫山が「福沢翁を悼む」を寄せ、「物質的文明」や「拝金宗」といった福沢の側面について「反対論者」であったと自認しつつも、「平民的生活の下に自若として其主義を改めざるの堅忍、不抜」な態度は評価した。福沢は「実利学派」であったとして、その「拝金主義」についても、安逸や酒食を貪るためのものではなく、「事を為さんがため社会を利せんが為め」と一定の理解を示し、「福沢翁を傷くるは酷なり、況んや其功績明治史上に没すへからざるものこれあるに於てをや」と評している。

『哲学雑誌』第一六巻第一六九号（一九〇一年三月）に掲載された無署名記事「福沢翁の長逝」は、福沢が日本に「新鮮の思想」を輸入し、明治文化の発展に貢献したことについては論を俟たないとした上で、晩年に「倫理教育の主義として独立自尊説を唱道し大に天下を風化」しようとしたことについては、「其説はさて措き」、福沢が社会を熱心に教導した点で心服する、としている。修身要領に関して、同誌に井上哲次郎の辛辣な批判が掲載されたことは、すでに論じた。

『婦女新聞』に矯風子のペンネームで掲載された「福沢先生の死を悼み望を婦女新聞に寄す」は、「女子の救主」と仰がれ、『新女大学』を発表した福沢が、「何故に女学校を開いて己が理想の婦人を養成し、実行を以て模範を天下に示し給はぬのであらうか」と疑問を抱いた著者が、直接この旨を福沢に尋ねたところ、財政面で女学校を建てられずにいるが、生きている間には実現させたいと述べていたという。著者は、それが実現をみないまま死にいたったことを嘆き、『婦女新聞』が「第二の福翁」となってほしいと呼びかけている。

主要新聞に比べると、主に雑誌で展開された知識人の福沢評は、やや手厳しい。平民的で無位無爵であった点は評価されているが、「拝金宗」としての印象や、宗教に冷淡であった点は追及されているし、女性教育を実践できなかった点も指摘されている。修身要領や「瘠我慢の説」などへの批判も尾を引いており、明治二十年代以降に輝きを失ったという大町の指摘も、看過できない。それでも総じて福沢を高く評価せざるをえなかったのは、追悼記事という性格に加え、『中央公論』の指摘通り、未だ薩長藩閥政府が続いており、福沢が懸念した通り、権力も名誉も政権側に偏在している、という状況が続いていたためであろう。文明開化、とりわけ精神面でのそれも、道半ばであった。

3　友人からのメッセージ

†旧友の声

福沢の友人たちの声にも耳を傾けてみたい。緒方洪庵の適塾で福沢の後輩にあたる長与専斎は、「新日本を開拓」した福沢の功績を称え、適塾時代以来の交遊関係を回顧して、「我が医界の先生に負ふ処少なからざる」と、長与が身を置いた医学界における福沢の功績を語った。特に、北里柴三郎が伝染病研究所を設立した際、福沢がこれを支援した点を特筆し、「慟天哭地《どうてんこくち》の情」をもって追悼文をつづっている。

福沢ははじめてのアメリカ渡航の際、軍艦奉行・木村喜毅《きむらよしたけ》の従者として使節に参加し、明治以降も木村との交際が続いた。その木村は、渡米の際、咸臨丸が激しく揺れて、他の従者が酔って立つことができないなか、福沢が「毫も平日と異なることなく予が飲食起臥の末に至るまで力を尽し之を扶け」たというエピソードを紹介し、「大に謝せざる可らず」と述べている。数年前に腸チフスに罹患した際、福沢は木村の家族に看護の心得を諭し、木村を赤十字病院に入院させて、その費用もすべて支払った。木村は、「今猶残喘を延べ得たるは真に先生の賜」と、感謝の念を示している。

†同志と医師

福地源一郎は、『日出国新聞』に「旧友福沢諭吉君を哭す」と題する文章を寄せ、ともに幕臣として外国方に務めた当時を「今をして之を回顧すれば恍として前世の一夢の如し」と振り返っている。幕末の動乱のなか、「福沢君は平然として書を読み時勢に感せざる者の如くなりき」と証言し、「事務」に熱心だった自分に対して、福沢は「事務に遠ざかり」、幕府要人にも近づかず、維新以降も会うたびに「議論を異にし互に相争ひて下らざりしと雖も友情に至りては十年一日」という関係にあったと記した。

一八七四年の『東京日日新聞』創刊時に福沢は、新聞事業に取り組むことを評価しつつ、「唯々慎みて政府と提挈《ていけつ》する莫れ提挈せば必ず足下を誤らん」と忠告したが、福地はそれに従わずに政府と提携し、「我を誤りたりき」と回顧している。福地は思想家としての福沢を、「欧米の文明を咀嚼して以て之を日本化せるもの君を外にして誰ありとする」と評した。

福沢の最期を看取った医師の松山棟庵は、『報知新聞』に「故福沢翁」と題する談話を寄せ、一八九八年に脳溢血を発症した後の福沢の様子、福沢の臨終の経過からその趣味、書斎の様子などを縦横に語り、「先生の特色は自分の身のまわりの事に人を煩はさない」ことにあったとして、福沢は「夫人のなさる事迄も自分でなさつた、煙草盆の火が消えても自分で取りにおいでになる、足袋が何処だ、帯は何処だなど云ふ様な事もない」などと、身の回りのことは自分で片づける福沢の生活ぶりを紹介し、「福沢先生の御家族をお愛しなさることは実に深厚なもので」あった点も強調している。

福沢は私的な空間のなかにも、様々な印象とインパクトを残してこの世を去った。こうした証言を通して、友人や家族、恩人に対して面倒見がよかったという印象が、読者に強く残ったにちがいない。

4 慶應義塾の門下生・学生の声

†福沢「コンパス」論

慶應義塾長の鎌田栄吉は、『慶應義塾学報』に「福沢先生を吊ふ」と題し、「先生が社会の改革者として、国民の指導者として、其功徳の偉大なることは世人の普ねく熟知する所にして之を希代の偉人と称するも、決して溢美にあらざる可し」と記して、福沢が学校を

鎌田栄吉

創立し、新聞を創刊し、演説・談話を広め、日本の発展に寄与した点を強調し、天皇・皇后から功労金五万円を下賜されたことを「一個の平民としては異数の光栄にあらざらんや」と強調した。福沢の主義は「徹頭徹尾独立自尊」であり、これを実践躬行して家庭から一般国民までその感化を及ぼし、「自由平等」を唱えて階級制度を打破し、「実利実学」を奨励して儒教を排斥し、「人爵」を敵視して「布衣」に甘んじたのも、「独立自尊主義」のためである、とする。鎌田は修身要領を福沢の遺訓として受け止め、「我輩同窓は多年先生の薫陶を被り、日夕音容に接し、其情義君父も啻《ただ》ならず、今や一大不幸に遭遇す、哀悼悲痛辞の措く所を知らず」と記した。いわば義塾としての公式声明とも呼べるものであった。

鎌田は『慶應義塾学報』第四〇号（一九〇一年五月）に「福沢先生」と題する論考を寄せ、こちらではやや学術的に福沢の功績を論じている。鎌田は、福沢は「常住性」と「変化性」の両側面をバランス良く合わせもち、「先生ほど能く変る人はなく又先生程変らぬ人はなし」と分析し、門下生にも、世間に発表する論説はその時の情勢に合わせて「自由自在に変化」させるよう訓戒しつつ、「其本体の持論固有の主義」については変化させなかったとして、「独立自尊の主義文明進歩の主張自由平等の持論」がこれにあたるとした。

こうした福沢の態度を鎌田はコンパスに例え、「その一脚は中心に固着して毫も移動することなく之に反して他の一脚は自由自在に紳《ママ》縮張弛して大小何れにても勝手次第の輪郭を画く」と表現し、幕末に鎖国攘夷論が盛んな時には開国論を唱え、文明開化が進んで西洋への心酔が進むと逆にこれを排撃し、しかし「心身独立の大切なるを説き而かも西洋日進の学術と改進自由の主義は愈々之を唱道する事を忘れざりし」福沢を例に挙げた。福沢は人を「奨励」し「刺激」し「煽動」するとともに、人を「制御」し「鎮圧」し「抑止」するという両面ももっていた、とする。鎌田は、福沢が「熱心なる主張と冷静なる寛容とを兼備」していた点も強調し、「新日本が先生に負ふ所大なるは世人の認むる所にして到る所感謝の意を表するもの決して偶然にあらざるなり」と世間に溢れる福沢賞賛の声を受け止めている。

福沢の主張がよく変わるという声は、存命時からよく指摘されており、例えば田口卯吉は『東京経済雑誌』第二九巻第七二〇号（一八九四年四月）に「福沢翁の特性」と題する短文を寄せ、福沢は「事実」によって意見を立てるため、その意見は「時に随て変ず、彼好で真理原則を談ずれども、数多の事実を概括して其の中に存する一定の理法を発明するが如きは彼れの長所に非ず」と評して、「要するに臨機応変的議論は彼れの持ち前なり」と論じていた。鎌田はこうした声に敏感に反応し、コンパス論をもって、福沢にも軸となる主義や持論があったと反論したわけである。

†学生の反応

福沢の葬儀当時の様子を『愛媛新聞』に寄せた慶應義塾の学生、小倉和市は、「二十世紀何ぞ平和の英雄に非なるや」と嘆き、「曰く民権の自由平等曰く一夫一婦独立自尊窮りなく包蔵せる先生」がその心血を費やしたのが義塾であるとして、全国各地の人々が「先生の訃に接して哀悼の意を表せる」状態にあるなか、義塾を「保存」することが「福沢先生を紀念する最高の紀念物にして亦最も国民自身を裨益せるの道たるを信じつゝあるなり」と論じている。これも学生なりに、福沢を賞賛する声に対して敏感に反応した典型的ケースである。

慶應義塾教員の菅学応は当時、福沢邸に寄寓していたが、福沢についてよく知らない人達が福沢について「虚批妄評」を展開していることに不快感を示し、「先生の人を知らず、先生の書を読んで、其真意を解するもの甚だ稀なること」を嘆いた。菅がみるところ、晩年の福沢は「少壮時代に於ける勇気と品性とを失はず、富を有して而して其富に移されず、名を得て而して其名に誇らず、無位無官、終始純然たる一大平民として、死に至る迄国利民福の在る所を忘れざるのみ」であったとし、どんな人にも丁寧に接して不遜な振る舞いをしなかった福沢を賞賛している。雑誌で展開される福沢に批判的な論調に、強い違和感を感じていたにちがいない。

一八九七年まで慶應義塾の学生だった西山義一は『佐賀日々新聞』で、福沢が「独立自尊」の主義を教え、「家国民人」を「開発誘導」し、世界において国を立て、身を処する方針を示した「功労遺徳」を称えて、「福沢先生の如きは豈に真に人文開化の歴史上特に天命を受けて生れたる達人君子と称すべきにあらずとせんや」と記した。西山は、福沢が教育者として「国家民人」を開発し、学者として「天理人道」を明らかにし、著者家として「文明の光明」を示した点などを絶賛し、「幾多の先輩同寮《ママ》と共に大観院独立自尊居士故の福沢諭吉先生の霊柩に随ふや感慨自から禁ずる能はざるものあり」とつづっているが、このあたりが、慶應義塾社中の一般的な心中だったのであろう。

福沢という大黒柱を失った今、慶應義塾はその伝統と精神をいかに受け継ぎ、これを次の時代に継承していくか、その真価が問われていた。門下生が周囲の賛否の声に敏感になったのも当然である。以後、これを自覚した義塾の社中と、福沢を悼みつつも次第に忘却していく周囲との乖離が深まっていく。その過程を、次章で論じたい。

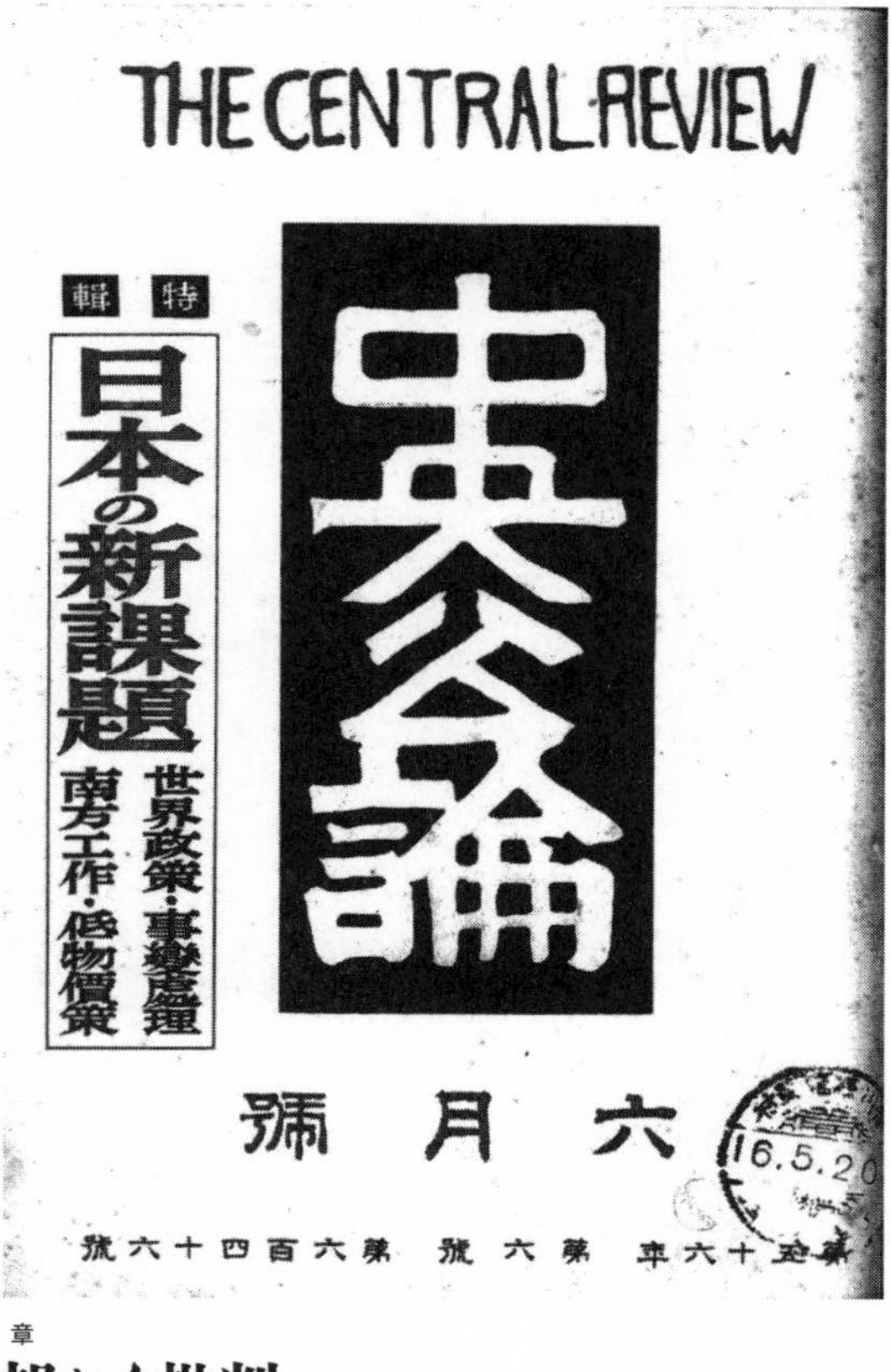

第三章

忘却から批判へ

――大正期から太平洋戦争まで

『中央公論』1941年6月号表紙(三木清「学問論」掲載)

1 往生の余韻のなかで――一九〇〇年代

†林毅陸と大隈重信

福沢死去後まもなく、その追悼演説会が開催され、慶應義塾長の鎌田栄吉が登壇するはずだったが、卒業式と重なったため、代わりに義塾大学部教授の林毅陸が「故福沢諭吉君に就て」と題して演説している。林はまず、幕末維新期の混乱期に、福沢が暗殺の危険を顧みず洋学に取り組み、維新後はフランシス・ウェーランドやフランソワ・ギゾー、ジョン・S・ミルやハーバート・スペンサーといった「書物に依り西洋の政治なり経済なり倫理なりに関する新しい――日本に取つては非常に新しい思想を輸入することに骨を折られた」ことを挙げ、鎖国攘夷の風潮が残るなかで「卓然として奮闘を続け且光輝ある勝利を得られた」と賞賛する。福沢は政治権力からの「学問の独立」を唱え、「実学主義」をとって「品性の立派なる人物」の育成に努め、そのために「独立自尊主義」を採用した。

林は、この主義が終始一貫したものであり、それが「人権」を尊重し、「個人的活動及自由競争」を貴ぶ主張となり、門下から多くの民権家や実業家が輩出されて、「儒教封建的の陋風の打破と共に文明的新思想の鼓吹に努められた」と強調する。福沢は特定の学問分野を専攻する学者ではなかったが、「文明学の大学者」であり、ヨーロッパの政治や倫理、経済のどれかを唱えたのではなく、文明そのものを鼓吹し、「慶應義塾は即ち文明学を教へた所の学校である」。林は福沢が人格面でも、「識見高邁《こうまい》」で「道徳家風」でありながら、「不羈豪放」な面も「細心緻密」な面も合わせもち、金銭や商売の俗事を好んで論じる「俗物」のようで、それらから超然とした「禅宗坊主」ようでもある、とその「非常に多角」的な点を指摘し、それらが「独立自尊の大精神の下に合して而も能く調和し此処に福沢諭吉といふ偉大なる人格を造り上げて居る」と評した。林は「独立自尊の精神の権化なる此大平民の偉大なる人格は日本全国民の長く模範とすべき所であらうと思ふ」と語り、拍手喝采を受けている（全国教育者大集会編『六代教育家 附名家叢談』博文館、一九〇七年）。

「大平民」としての福沢を称えつつ、死去時の義塾内外からの賞賛からより一歩、分析を深めた演説であった。タイトルにあえて「先生」ではなく「君」とつけるあたりにも、福沢から直接教えを受けた世代の親近感を感じさせる。

福沢と親交の深かった大隈重信は、福沢没後に三田社交倶楽部で試みた演説「日本の文明と福沢先生」において、幕末維新の混乱期に福沢が私塾で育ったことなどに触れ、「偉大な人傑が何処から現はれたかと云ふと、概ね政府の学校からは現れないで、皆私学から現れた」として、漢学者から家族まで、周囲が反対するなか、「独力」で勉強した人物が「皆文化文政年間に現れて、この百年間に今日の文明の基を築立てた」点を強調した。戊辰戦争の最中でも、福沢が「俺は学問を以て立つ、是から書生でも教へて国を文明に進める、戦などは何方が勝つても同じこと、俺は一切予らん」と語って学問に専念したのは、「国を文明に導かうと云ふ偉大なる精神」の故であったと評し、福沢が封建制度を嫌悪しつつ、「福沢先生は常に我輩にも言つたことがあるが、元禄武士や元禄時代の風格が中々好きであつた」として、「義を尚び雄を尚ぶ」精神を好み、「身を殺して仁を為す」ことを好んだ福沢を賞賛している。

大隈は、「日本の文明は封建の賜である、若し封建がなかつたならば、日本の今日はどう云ふ運命に遭つたか」と述べ、世代交代によって武士の精神が衰えると国力が弱体化すると懸念し、「福沢先生は封建時代に生まれて封建の感化を受け、而して支那古代の哲学思想が根拠となつて、而して此英国の一種の哲学主義と同化してきた人物である」と評し、福沢の精神が、日本の文明と「大切なる関係」を持つ「慶應義塾の精神学風」となるよう期待した（『慶應義塾学報』第八四号・八五号、一九〇四年一一月・一二月）。

『中央公論』は第二二年第七号（一九〇七年七月）で福沢に関する特集を組み、鎌田栄吉、福本日南、池辺三山、戸川秋骨、山路愛山、三宅雪嶺、徳富蘇峰、竹越与三郎の福沢論を掲載している。『福翁自伝』を読んだという評論家で歴史家の愛山は「破格論」と題する論考で、若者に同書を読むことを薦め、「日本文明先達の一人たる福沢先生は直ちに諸君が灯下の好伴侶となるべきなり」と述べた。愛山がみるところ、福沢の人生は「破格」の二文字で表現でき、門閥制度から脱却して長崎に留学したのも、「通俗自在」な文章を用いたのも、「高位栄爵」に熱心な世の中で「布衣」をまとったのも、官学全盛の時代に慶應義塾を維持したのも、奢侈に流れる風潮のなかで家族団らんを実践したのも、皆既成概念に対する「破格」であったと評した（傍点原文）。

もっとも愛山は、一九〇八年（明治四一年）に刊行した『現代金権史』（服部書店・文泉堂書房）において、福沢は「大学究」とみられているが、実は「大偏人」で、「黄金」や金持ちが重要であること、役人が偉いわけではなく、皆「独立独歩の人間」であることを説いて、「黄金崇拝」「商売崇拝」の傾向を生み出した、と批判している。福沢が簿記や商売、利息などについて語った結果、「無鉄砲なる商人道」が広く主張されるようになり、慶應義塾を拠点に「黄金崇拝」「商売独立」「官民平等」が振り回されて、「天下」が「奇論」に傾斜し、門下からは「政商」が生まれてきた、とも述べている。

雪嶺はこの特集に寄せた「福沢雪池翁」において、官尊民卑の風潮のなかで「高官と同等以上の地位を占めて居た」のが「福沢翁一代の特色」であるとし、福沢は「智」「徳」「体」を具備していたと評した。雪嶺は、福沢が多くの人材を育てたのは事実だが、「翁自ら守るところを以て人を率た所は甚少い様である」として、門下生を官途に就かせたこと、実業界に出た門下生にも特徴がみられないことを挙げ、福沢はあまり人生に関する教えを説かず、自由に任せる態度をとったが、「その自ら立ち人に望むところは世渡り上手」であったと酷評する。「瘠我慢の説」で勝海舟や榎本武揚が維新後、政府で出世したことを批判しながら、他の人物について「瘠我慢」を主張することはない。

門下生に新時代の建設のために戦う「改革者」はみられず、「上手に世渡りする」人物が目立ち、結局それは外国人の真似をするだけになるとする雪嶺は、福沢と大隈を比較し、大隈の方が青年を後押しする姿勢が強いとして、今後は早稲田が多くの改革者を生むのではないか、と結んでいる。

雪嶺もまた、「金権」に対する福沢の態度を厳しく批判した。西南戦争後のインフレで慶應義塾が経営に行き詰まった際、福沢は政府に借入金を申し入れたが、こうした姿勢が妥協的で「金力」に弱いと映ったようである。『日本』が、「瘠我慢の説」によって福沢が拝金宗の汚名から名誉を挽回させたと論じたことは前章で述べたが、それは福沢に対して拝金宗のイメージを強く抱いていたことへの裏返しであった。この段階で汚名が蘇ってきた背景には、青年層の意識の変化があったとされる。日露戦争後の青年層が国家意識を失い、個人的な「成功」ばかりを追い求めていることを雪嶺は危惧し、彼等を「世渡り上手」と称して批判していた。

蘇峰は特集のなかで「福沢諭吉氏」と題し、自らは門下生ではないものの、福沢から「感化」を受けた青年の一人であることは告白せざるを得ない、という。蘇峰は、福沢が慶應義塾の創立、運営をはじめとする「社会教育家」として、欧米文明を解釈して日本国民に教えた「欧米文明の初等教育家」として、社会組織を「平民的」に改革しようとした「建設的教訓者」として、帝国議会よりも大きな影響力を有した「勢力家」として、学者的な生活に満足せず朝鮮問題に接近した「経綸家」として、それぞれ偉大な存在であったと評した上で、福沢をヴォルテールに重ね、特に「一個の大平民として明治の社会に一頭地を抽《ぬき》んでた」点を賞賛し、福沢を「武士的真骨頂ある快男子」と評した。この論考には先述の「瘠我慢の説を読む」が付されており、福沢に対する反感を抱きつつも、これらの面について、また自身が受けた「感化」については承認せざるを得ない蘇峰であった。

福沢門下の歴史家・思想家の竹越は特集で、「予の知れる福沢先生」として、福沢は時に民権論を、時に国権論を説き、また一身の独立を説きながら一国を愛する必要性を説き、このために「世人は能くも先生を知らずに、先生をば個人主義に立脚して、唯自己一身の利害を先にすべく説いた人の様に言ふ」ことについて、福沢が嫌ったのは「ビジネス愛国者」であり、福沢自身は「真の愛国者」であったと反論した。福沢は「常識」や「利害」を説き、実業家を育てたが、政治にも関心を持ち、病床にあっても竹越に「政治談」を語り続けたという。福沢をよく知らない人物が福沢を語ることへの嫌悪感がにじみ出ており、前章で取り上げた菅学応と共通する感覚が読み取れる。

このほか、島田三郎は同じ頃、「福沢諭吉翁」と題して演説し、自分は拝金宗には賛同できないが、これを福沢の責任とすることは不可である、と語っている。福沢の主義が拝金の風潮を高めたのは事実だが、幕末維新の混乱期に慶應義塾を拠点として、「変化に先だつて、立脚の地を定めて、予定の方針を終始貫たのは先達の士と云つて差支へない」と島田は述べ、福沢が「平民主義を重んじ、独立して自分の身に行つた」のも疑いなく、官尊民卑の風潮に抗って、自ら「独立の生活」を送り、「官吏の公僕たることを教へ、人爵は天爵の標準にはならぬと教へた」として、こうした姿勢が結果として拝金宗のイメージを構築したに過ぎず、「其信仰勇気実行は決して軽侮者流の企て及ぶ所でない」と弁護する。ただ、門下生が拝金宗に陥ったのは事実であり、福沢の思想が「旧思想」となった今、さらに「新思想」を開拓していかなければならない、と島田は結んだ(吉丸一昌編『名家修養談叢』国光書房、一九〇三年)。

福沢門下生も福沢批判者も、未だ没後の余韻のなかにいたが、門下生はその福沢弁護論をより理論的に精緻化しようと試み、福沢批判者もまた、その批判の論理をより強固にしていった。大隈の封建制度論などにみられるように、自らの価値観や持論に、福沢の思想や生き様を接近させ、これを正当化する態度も顕在化してきた。

雪嶺は『実業之世界』第六巻第九号(一九〇九年九月)に寄せた「先輩青年品行録」で、福沢が一夫一婦制度の導入を唱えたことを紹介し、「今日の実業家が幾人もの妾を蓄へたり、又、妻がある上に毎晩芸妓買をしたりするのは実に怪しからぬ事である」と説いているが、これなども、自説に福沢を動員した典型例であろう。福沢を「旧時代」の遺産として、その遺産を活用しながら、新しい時代の価値観を構築していく、福沢論も新たなステージに入ったかのようである。『実業之世界』は慶應義塾出身の野依秀市《のよりひでいち》が刊行した『三田商業界』を改題した雑誌で、以後、意欲的に福沢論を掲載していく。

2　慶應義塾の内と外——一九一〇年代

†鎌田栄吉の熱弁

一九一〇年代に入っても、慶應義塾内では福沢を回顧し、弁護し、その教えを引き継ごうとする姿勢が続いた。

塾長の鎌田栄吉は、『実業之世界』第一三巻第六号（一九一〇年三月）に「此処が福沢先生の真面目（一）」との文章を寄せ、攘夷派の暗殺を警戒した福沢が、自宅の床下に脱出するための「抜穴」を作っていたというエピソードを紹介し、周囲が福沢に議論の「鋒《ほう》鋩《ぼう》」を収めるよう説得すると、「どうあつても已められない、苟も西洋の文明の主義を日本に輸入しやうと云ふ一念発起した上は止める訳にはいかぬ」と語ったという。こうした「憂国愛国の精神」を「私の道楽」と笑って済ませたのが福沢らしいところで、「忠君」や「皇室」について多くを語らないと批判された時も、それは語るのではなく実践すべきものだと応じたとして、鎌田は、国は「身体」、君主は「頭脳」であり、「健全なる頭脳は健全なる身体に宿るの道理」をモットーとしていたのではないか、と論じている。

同誌第一三巻第七号（一九一〇年四月）で鎌田は、「これが福沢先生の人格」との一文で、維新当時に福沢は、「田舎の武士」が「都会の風」に吹かれて贅沢になり、立派な茶器などを購入して贅沢な生活をするようになると見越して、今のうちに書画骨董を買っておけば大いに儲かると述べたが、自分は「商売人」ではなく「学者」であり、学者に商売はできないと話したとして、結局、福沢のいった通りになったとの逸話を紹介している。鎌田は「此一事を見ても先生の卓見と人格をトする事が出来やうと思ふ」として、福沢が「商売の機微」も見抜く点、学者としての立場を守った「高大なる人潔」が垣間見えると評した。

続く同誌第一三巻第八号（一九一〇年四月）でも鎌田は、「福沢先生の常識には如斯由来あり」と題して、福沢が階級や職業などを問わず応接室で来客の話に耳を傾け、それによって「遂に大常識を作て新日本の思想的中心となられたのである」と評した。福沢はつまらない世間話も熱心に聞き、それによって人民の知識の程度、時勢、社会を観察して、「適切なる実際の議論」を構築した。鎌田は頭脳明晰な人物として福沢に加えて大隈重信と陸奥宗光を挙げ、彼らには「思考推理の力」と同時に、階級を越えて知識を吸収して活用する力があったと評し、それは「我々に取つても実に必要な事である」と述べている。

さらに同誌第一三巻第九号（一九一〇年四月）にも「福沢先生はコンパスの如し」と題す

る文章を寄せた鎌田は、「自説に熱中される所を見た者は先生を以て頑固だといひ、又説を変へらるゝ所を見て軽薄だと思ふた者もあつたらしい」と述べた上で、福沢は自らの「主義」となる軸を定めつつ、社会の状態や相手の立場など応じて発言を変えていたに過ぎず、それはコンパスのようなものである、との持論を再論し、批判者はいずれもその一脚のみしかみていないと論じた。福沢が長期的な視野をもっていたことについて、上野戦争の最中に、戦争は三日で終わると見通してウェーランドの経済書を講述し続けたという有名なエピソードを紹介し、「先生は總べて斯の如き見識を以て我日本の将来を見通して居られた」と評し、西洋文明を移入して新日本を造り上げるという「不動のコンパス」を有していたと強調する。

鎌田は『慶應義塾学報』第一六三号（一九一一年二月）に掲載された「逝後十一年福沢先生追懐談」で、「生前には福沢先生を誤解する人が随分多かつた」として、「拝金宗」の批判を受けたが、福沢が役人志向の学生を戒め、金を大切にし、銭を賤しんではならないと強調したことが、この「誤解」を生んだのではないか、と述べている。学問についても、高尚な哲学だけで釘一本打てないようでは駄目で、工部大学校に学ぼうとした門下生に対して、大工の家に修業に行くよう諭した、という逸話を引き、「福沢先生の言行録」のようなものを作って世の中に出す意義がある、と語っている。福沢は人々に独立自尊の精神を吹き込み、個人として独立して世に立たなければならず、国民として外国の圧迫を受けててはならない、学問をしても学問に呑まれず、学問を呑まねばならない、と説いたとして、「義塾が益々盛運に向つて先生の余沢を受ける者が益多いとふことは全く此一義に帰着する」と結んだ。

『太陽』第一八巻九号（一九一二年六月）に鎌田が寄せた「福沢諭吉先生」の冒頭では、福沢が死去して十数年が経ち、直接教えを受けることは叶わないが、その独立自尊主義の「真相」はますます明らかになっていると述べた上で、福沢が「拝金主義」と誤解されたことについて、福沢は金銭や名誉、権力より「独立」を重んじ、そのための手段として金銭などを捉えていたに過ぎないと論じた。また、「先生は文勇の人であつた」と称え、「世を救ひ、これを以て国を文明に導くのであると云ふ決心を以てその主義を貫」いたと評している。鎌田はここでも福沢コンパス論を展開し、その例として国会開設論と民権運動への冷淡な姿勢を挙げた。

鎌田がこうしてさかんに福沢論を説いたのは、福沢に対して批判、誤解する人々への反論が求められたこと、もはや福沢自身から教えを受けられず、しかし福沢思想はなお重要であると自負していたこと、それは福沢というカリスマを失った慶應義塾を経営していく上で不可避の営みであったことに加え、義塾内外、特に「外」で、福沢が急速に忘れられていく、という現象を憂えたためではないか、と思われる。事実、死去の際に横溢した福沢論と、その余韻を残していた一九〇〇年代に比して、一九一〇年代になると、福沢を論じる知識人は急速に減っていった。

†顕彰から忘却へ

『一大帝国』第一巻第二号（一九一六年四月）に「福沢先生の教訓」を寄せた、当時司法大臣の尾崎行雄は、福沢は常に「社会進歩の程度」を考え、その「大勢」を率いることに努力していたと述べ、自由民権論を唱え、民権運動が盛んになると国権論を唱え、学校を作って実用的な教育に取り組み、生命保険会社や新聞社を設立するなど、「日本を自由自在に引き廻した処実に敬服の外はなかつた」と述懐する。尾崎は「今後の事を為そうとせられる青年諸君などは、能く此等の点を考へて居られたならば、一生を通じて益する処少なくないであらう」と結んでいるが、福沢門下生として、鎌田と同様の問題意識を有していたものと思われる。

クリスチャン政治家の江原素六は、『三田評論』第二二三号（一九一六年二月）に掲載された「余の先輩及び友人の見たる福沢先生」で、明治初期に沼津兵学校を設立した際、優等生を慶應義塾に入学させたこと、義塾の教員を兵学校で雇用したこと、西周に福沢を紹介されたこと、などに触れた上で、福沢が多くの学者から敬愛され、平易な文章で「世の中の人を文明に進め」、人材を養成すべく「学校の基礎を定め」たことなどを強調し、教育は政府の力だけではなく国民の財力と相まって完全となると述べた福沢に対して、「満腔の感謝を致さねばならぬ」と語った。これは福沢先生誕生記念会における講演筆記だが、江原自身、「若し福沢宗と云ふものがありましたならば、私は其中の主なる信者であります」と告白しており、福沢ファンとして、やはり鎌田や尾崎と共通の意識を有していたのであろう。

鎌田が期待した通り、この頃から「福沢先生の言行録」の類いが盛んに出版されている。土屋元作『余が見たる福沢先生』(三和市蔵、一九〇三年)、藤田長江編『福沢翁言行録』(橋本書店、一九〇八年)、高橋立吉編『福沢諭吉言行録』(内外出版協会、一九〇九年)、富田貢編『福翁漫言』(誠文堂、一九一七年)、鈴木梅四郎編『福沢先生の手紙――修養実訓』(晩成社、一九一八年)、などがそれである。次々に出ていることからしても、それなりの読者の需要があった。

こうした現象と相反するように、慶應義塾外の知識人は、批評対象としての福沢に対する興味を失っていく。一九一二年に明治が大正となり、大正デモクラシーの時代となって、価値観も時代思潮も大きく転換していた。福沢はすでに時代遅れの存在となり、忘却されつつあった。

†田中王堂の登場

そんななかで、福沢を学問的に探究した例外的存在が、田中王堂である。東京専門学校などに学んでアメリカに留学し、当時、早稲田大学で教鞭を執っていた田中は、『中央公論』第二八年第一二号（一九一三年一〇月）に、「評論家としての福沢諭吉」を発表した。「時代は悉く英雄の産物である」と書き起こした田中は、現代における英雄は評論家であり、評論は現代を支配するほどの力をもたねばならない、と説く。維新期に「新しき要求に応じて新しき様式を案出する必要」が生じ、それは自ずから評論家の出現を促し、「彼等の最初の、而して最優のものとして、私は福沢諭吉を見出」す、と田中は述べる。

福沢が卓越していた点について、田中はまず「驚くべき知見」を挙げ、明治年間を通じて、福沢ほど明晰に世界の大勢における日本の位置と、今後の方向性を理解した人物はいなかったとする。福沢は自国の権利と権威を保持するため、富国強兵の道を歩むほかないと考えたが、そのために軍備や殖産だけではなく、「国民の生活全体」を文明化させることを目指した。とりわけ文明の精神としての個人の自由、幸福、聡明の保障を重んじた福沢は、権力の公平な分配を求めた。「吾人の任務」は精神的に福沢の遺産を継承し、それを実質的かつ無窮に発展させていくことにある、と田中は主張する。

一九一五年、『福沢諭吉』（実業之世界社）を公刊した田中は、序文で「私は我が国の文明を継承し、発展する義務を負ふ者の一人として、こゝに、新たに、真の福沢氏を発見し、且つ、紹介せねばならぬ」と記し、「福沢に還れ、彼に還つて、そして、も一度、文明の大道を歩みなほせ」と訴えている。本書で田中は、福沢を支配していたのは「我が国の独立」であり、その目的を達成するため、産業、政治、道徳、教育、学術などが位置付けられ、あくまで「評論家」として、西洋文明を解釈して適度に日本に移植したが、それは「格式制度に対する反感」「現実感に基づく懐疑」「新らしきものを求める好奇心」「独立の精神」「反情操主義」によって支えられていたという。田中はこれらの要素を説明すべく、様々な福沢の事績を挙げた上で、すべての改革者は「最も正しき意味に於て、功利主義者でなければならぬ」と述べ、福沢ほど「徹底した功利主義者は他に何処に在つたか」と評する。

田中王堂

福沢は日本の要求を知覚し、それを充足させる方便を計画した点において天才的であり、その生活方法は「実験的」「作用的」「進化論的」で、それゆえに「真の革新の事業」をなしえたとする。田中は、福沢の文章や文明論、智徳論、政治論、産業論、教育論、学者論について論じた上で、「誰れが真の後継者であらうか」と問い、福沢が目的としたものを徹底して「今日に於て目的」とし、その上で実現させるのが後継者であるとし、現在後継者が存在しているかについて疑問を呈している。西洋文明の移入は進んでいるが、福沢ほど日本の実力、その国際社会における位置、文明の意義と価値を理解できているのか、どうか。政治は幼稚で産業は不振、教育は矛盾し、芸術は抽象的であり、現代の日本人は文明を体得できないままで、聡明さも犠牲の精神も欠いている。田中は、「私共は、悉とく福沢氏の後継者とならなければならぬ。若し、其れがならぬにしても、少なくも、祖国を維持し、世界の強国として発展して行くに必要なだけの後継者を、私共の中に有たねばならぬ」と結論した。

田中は当時、文明を形成する特徴として実験主義と個人主義を挙げ、学術や工芸ではこれが採用されているものの、政治や道徳には適用されず、そのため、ヨーロッパ文明が適切に運用されていないと考えていた。日本人の「国民性」の長所は、インドや中国、朝鮮の文明から優れたものを生成した点にあり、それをヨーロッパ文明の精神である自由や改造、進歩にも適用させる必要を説く。田中が福沢を評価したのは、ヨーロッパ文明を受容して国民生活の向上を目指し、国家の独立を維持しようと努め、個人主義や実験主義を適切に理解していた点にあり、第一次世界大戦期にあって、合議的な解決や民衆の相互理解を追求する点からも、福沢に着目することになったといわれている。

やはり早稲田出身の文芸評論家・高須梅渓も一九一三(大正二年)に上梓した『明治代表人物』(博文館)のなかで、「三田の大平民福沢諭吉」と題する一章を設け、福沢は幕末維新の混乱時代に醒めた視線を送りながら「静かに新日本の前途を考へ」、日本の文明化を実現するために独立自尊を主張して階級制度の打破を試みた「三田の大平民」である、と評している。幕末の欧米視察や慶應義塾の創設の経緯、著作活動の展開について論じた上で高須は、福沢の主張によって「物質的改革」はほぼ実現したが、「精神界の改革」にまで十分な影響が及ばず、文学や哲学の発展に寄与することもなかったという。高須は続けて「宗教家としての英雄新島襄」を論じ、その精神的改革に着目するのだが、田中とは別の角度から、福沢を通して大正時代のあるべき姿を問うたものといえよう。

†福沢批判の声

一方で、福沢や慶應義塾を批判する声も、唱えられ続けていた。三宅雪嶺は一九一三年四月、慶應義塾で「慶應義塾論」と題して講演し、「塾風なるものが、如何になつたかと云ふに、一向判然たるものが無い。諸君は之に対しどうお答へになりますか」と問いかけている。今の時代は、単に「町人風になれ」といった「以前の塾風」だけでは駄目で、いかにしてこの世で活動し、「社会に新たなる分子を貢献する」「何か社会の進歩を助ける」ことが重要だが、その点で「塾には活気が少しも無い」と雪嶺は苦言を呈した。義塾出身者には「金満家の子弟」が多く、年をとると楽隠居して新規事業を興そうとしていないとして、「金銭上の事を脱して、社会の為めになる事を新らたに為すやうに教育する事が願はしきものである」と求めている（三宅雄二郎『壇上より国民へ』金尾文淵堂、一九一五年）。

雪嶺が日露戦後の青年を憂えていたことは先述の通りであり、義塾を取り巻く知的環境は、カリスマの喪失、無関心、批判の声と、厳しいものであった。

3 固定化する「乖離」――一九二〇年代

†慶應義塾関係者の語り

一九二〇年代も、慶應義塾関係者が福沢について熱弁し、それ以外の知識人は沈黙する、という傾向は続いた。一九一〇年代における義塾の内と外の乖離が固定化した格好である。

一九二二年に塾長を退任した鎌田栄吉は、「新日本建設の基礎を固められし福沢先生」において、幕末の開国以降、日本が西洋文明を取り入れていく中で、「東西両洋の文明を結びつけることに努め、また他方に於ては国家の革新の期に当つてその安寧と隆盛との為に尽した」第一人者として福沢を位置付け、福沢は多数の著作を通じて「新しき思想」を普及させて「新日本の建設」に寄与し、もし福沢の「卓抜なる指導」がなかったならば、社会や思想において「危険か、混乱」が生じた、と評する。福沢の学問は適塾における「理科に関する研究」に基づいており、それが「先生の思想の根底に科学を基礎づけた」として、福沢はその関心を政治や経済へと広げ、「時代に一歩先立んじて道を示す」指導者としての役割を果たした、と鎌田は論じた(『明治文化発祥記念誌』大日本文明協会、一九二四年)。

慶應義塾の評議員でもあった竹越与三郎は、福沢の生誕九〇年を記念して開催された福沢先生誕生記念会で「福沢先生に就ての追懐」と題して講演し、政治・思想上の大事業にはまず「破壊者」が、次にこれを「収拾」し、さらに「建設」する者が存在するが、福沢は「不思議なる遺方」で、慶應から明治にかけては旧思想を破壊し、一八八一年頃からは国権論を唱えて収拾から建設へと向かった、と述べる。竹越は福沢の国権論の特徴として朝鮮論を挙げ、朝鮮開化派の金玉均を支援し、日清戦争後に朝鮮問題をめぐって山県有朋がロシアに赴いた際には、「平生嫌ひな」山県に対し、日露間の問題を解決するために全力を尽くすといって応援したとして、「福沢先生最後の思は、外に集つて居つた」と、自らの体験談を交えて語った(『三田評論』第三一九号、一九二四年三月)。すでに韓国は日本に併合されており、福沢の朝鮮との関わりが、注目されつつあった。

政治家では、慶應義塾に学んだ犬養毅が「福沢先生と拝金宗」と題する文章を発表し、福沢を「拝金宗の本尊」のようにいうのは大きな間違いであり、福沢は学生や世間を誘導・教導するため、あえて旧思想や旧学問を打破するために「極端なる主張」をしたが、明治一四年政変の際に慶應義塾関係者が政治に深入りするのをみて、これを「他の方法に導かんとされたのが拝金宗鼓吹である」との解釈を示した。その後、義塾から「拝金宗の成功者」が生まれたが、尾崎行雄や自分のような「貧乏政客」は「前期の産物」であり、もし福沢が政変前から拝金主義を唱えていれば別の進路を取ったと述べている(犬養木堂『木堂談叢』博文堂、一九二二年)。

尾崎は『実業之日本』第三二巻第八号(一九二九年四月)に寄せた「福沢先生と渋沢子爵」で、自分が会った中で最も傑出していた人物は福沢と渋沢栄一であり、いずれも民間で国家のために実力と見識を発揮したが、福沢の原点は「滞米中に其国情の平民主義を徹底的に呑み込んだ」ところにあるではないか、と観測している。大隈のもとで政治活動に従事した福沢門下生の矢野文雄は『実業之日本』第二五巻第三号（一九二二年二月）に「大隈侯と福沢先生」と題する記事を寄せ、大隈と福沢はいずれも「積極的の人」「清濁併呑む人」「破壊的の人」で、互いに「離るゝことの出来ない特殊な関係」にあったと述べている。

慶應義塾関係者で異彩を放つのが、予科教授であった右翼思想家の蓑田胸喜である。蓑田は一九二六年五月二八日付『三田新聞』に掲載した「福沢先生の文明論と国家論――新刊『福沢全集』を読む」で、『文明論之概略』を引用しながら、福沢は「西洋文明の盲目的崇拝を非難し日本文明の独立を力説されてゐる」と述べ、『民情一新』で福沢が文明の発達によって西洋諸国が狼狽していると記した箇所を引いて、「先生が現下の世界と日本とに対して遺されたる箴言預言たるかの感を禁ずる能はず」と記し、福沢が西洋文明の「批判者」であった点を特筆した。福沢の主張を自説の正当化に動員した、典型的な例である。

†低調な福沢論

慶應義塾外の知識人の福沢論は、相変わらず低調である。例えば、大正デモクラシーの旗手として知られる東京帝国大学法学部教授の吉野作造は、『中央公論』第三七年第一〇号(一九二二年九月)に寄せた「維新当時に於ける国際協調主義者」で、幕末の攘夷論について語っている『福翁自伝』の一節を引き、同書を「先輩の経歴に学ぶ所あるべき一修養書として、又先生が自分をむき出しに出してゐる虚飾なき典型的な自叙伝として、敢て江湖に推奨するの十分の価値があるもの」と評し、福沢の「唐人往来」の大要を紹介して、「先生の実際的立場の特色が現れて頗る面白い」「西洋実学の研究を唱道する意味のもの」といったコメントを加えているが、ここで「福沢先生の話はおはり」で、福沢が国際協調主義者であったか否か、といった論点を追及してはいない。

ジャーナリストの長谷川如是閑《はせがわにょぜかん》は、『新旧時代』第二年第四・第五冊(一九二六年八月)に「福沢諭吉と西周」を掲載し、外国人の内地雑居をめぐる明治初年の福沢と西の議論を紹介して、福沢を「維新当時の進歩派の巨頭」と評した上で、「妙なことには、この内地雑居論に於ては、福沢の方が保守派の地位に立」っていたと論じ、当時の福沢が「極端の保護主義」を唱えて、内地雑居賛成派の西を批判していたことを紹介している。如是閑は、「今日の日本」では学問と社会が分離しており、学者が社会的行動に対する衝動を失っているると指摘し、「その意味で私は、福沢西の両翁のやうな時代の第一線に立つ人々があのやうな幼稚な学説を闘はす時代を羨ましく思ふ」と論じている。

彼らにとって、もはや福沢は歴史研究の先に存在する過去の人物であり、その捉え方も専門分化し、総体としての福沢像は画きにくくなってきていた。慶應義塾関係者の懐古趣味的傾向を帯びた福沢論との溝は、深まるばかりである。

4 「立憲主義者」としての福沢――一九三〇年代

†慶應義塾を支えるために

大正が昭和となり、満洲事変が勃発して、日本は総力戦の時代へと突入していく。一九三〇年代における福沢論を牽引したのは、前慶應義塾長の鎌田栄吉、塾長の林毅陸、その後任の小泉信三をはじめとする慶應義塾関係者と、義塾外にあっては、早稲田出身の歴史家・渡辺幾治郎《わたなべいくじろう》であった。

鎌田は一九三〇年（昭和五年）一〇月の講演「福沢先生と学生」において、福沢の思い出話を披露している。鎌田が慶應義塾を卒業した際、福沢は「卒業をしたといつても別に学問を御了ひにした訳ではない」として、まだ梯子を一段上っただけで、これから多くの段を上らねばならず、「日本人の頭をでんぐり返さねばならぬ」という学者としての責任を果たさねばならない、と語ったという。鎌田はこうした追憶談を縦横に語り、福沢を規定していた原則は「一人一家から天下国家、天下国家から一家一人」であったと述べ、慶應義塾では「世界各国の文明の粋を採り、日本の伝統的の美点を保存して、所謂東西文化の融合をやらう」と考えたとしている。福沢にも欠点や短所もあるだろうが、それを指摘したところで「非常に卓越した偉い方である」という評価は変わらない、と結んだ（福沢先生研究会編『我が福沢先生』丸善、一九三一年）。

『三田評論』第四一二号（一九三二年一二月）に掲載された講演筆記「福沢先生と慶應義塾」で鎌田は、西南戦争でインフレが発生して慶應義塾が経営の危機に陥った時、慶應義塾に大学部を設置して資金難陥った時を回顧した上で、福沢の死は「慶應義塾に取つては非常な打撃で、慶應義塾は、全く福沢先生に依つて成立つたものである。……慶應義塾も福沢先生と共になくなつてしまふであらう、塾も又止めてしまつたら宜いだらう」という声があるなか、塾長の自分が絶対に反対し、『慶應義塾学報』（のち、『三田評論』と改題）を刊行して社説を書き、寄附者に義塾の近況を知らせるようにして、順調に寄附が集まって経営が安定した、という経緯を振り返っている。

鎌田は学生に、「自分の居る学校は如何なる経路を辿り、如何なる艱難をして、前途の希望を満たして行くかといふことを考へる」必要を力説しているが、これまで鎌田自身が『慶應義塾学報』などで福沢を語ってきたのは、福沢亡き後の義塾を維持しなければならないという危機感の発露だったわけである。

塾長の林は一九三〇年六月、早稲田大学大講堂で「福沢先生と教育」と題して講演し、福沢を「遠い々々過去の人として、朧ろに其名を聞かれる位の程度であらう」が、改めて福沢と教育について語りたいと切り出している。当時の学生世代たちにとって、福沢は生まれる前に没した歴史上の人物であった。林は、福沢は「偉大なる教育家」であったが、「教育万能論者」ではなかったとした上で、学問の政治からの独立と私立学校を重視し、「文明の実学」を唱道して「学問と実際」の調和を目指し、「自主独立の精神」を重んじて人格の陶冶を目指し、「独立」のために金銭を重んじたと述べ、「其意見其主張は總て今日に於ても大に尊重すべき価値ありと確信する」と語り、早稲田の学生も学問の進歩、「日本の文明の向上の為に御努力あるやうに願ひたい」と結んでいる（『三田評論』第三九六号、一九三〇年八月）。

†「国権論者」福沢の強調

一九三三年に林の後を継いで塾長となった小泉信三は、『公民講座』第一二〇号（一九三四年）に寄せた「愛国者・個人主義者」において、個人の人格や権威、責任を強調するのが個人主義であれば、福沢はたしかに個人主義者であったと述べた上で、福沢は誰よりも一国の独立を心配したと強調し、日本人が日本を大切にする理由は説明不能な非合理主義、「イルラショナリズム」によるもので、福沢もそうした説明できない「愛国の熱情」にかられており、日清戦争の勝利で独立を憂うる必要がなくなり、福沢もその勝利を大いに喜んだと説明している。「独立の気象なきものに愛国の精神は沸いて来ない、これが福沢先生の熱烈なる愛国者たる所の不羈独立の精神であらうと思ひます」と小泉は記した。

この頃から、慶應義塾内で福沢について多くを語るようになるのが、経済学部教授の高橋誠一郎である。高橋は、晩年の福沢に接したことがあり、福沢を直接知る最後の世代であった。『三田評論』第四二五号(一九三三年一月)に掲載された「晩年の福沢先生」で高橋は、福沢をはじめてみたのは三田演説会における最後の講演であったとして、三田演説会の歴史などついて回顧した上で、「先生の最晩年の仕事として最も重要なもの」は修身要領であり、福沢は日清戦争後の日本人が無力で品位を落としていると懸念し、道徳を指導する原理としてこれを編纂させたとして、その発布の経緯を語った。井上哲次郎による批判や、林による反論についても言及している。

『三田評論』第四四三号(一九三四年七月)には「福沢先生の貧富論」を掲載し、福沢が影響を受けた欧米の経済思想について紹介した高橋は、福沢は「不生産階級」である士族を「生産階級化」し、義塾などで「文明の新教育」を施して「富」を使用させ、欧米の資本主義に対抗して、日本のそれを発達させようとしたと説明している。福沢は資本主義や帝国主義が永続しないことを自覚しており、晩年には社会問題に取り組もうとしたが、その日の目をみる前に死去したのは遺憾であるという。『時事新報』一九三六年一月一〇日付に掲載された「福沢先生に関する断想（三）」では、福沢は自由主義経済学説の影響を受けているが、保護すべき産業を未だ持たなかった当時の学者は、その学説によって「封建的社会の破壊」を目指すことできた、と説明している。

経済学者として福沢の経済論をどう評価するか、懐古趣味的福沢論では済まされない課題を、高橋は背負っていた。一九三三年に刊行した『福沢先生伝』（改造社）でも、幕末以来、資本主義的経済機構の移入に努め、「封建的諸形態」を打破しようとした福沢は、欧米資本主義の進出を警戒し、やがて「後身国」としての日本の「国情」にあわせた「国民的経済学説」を提唱したと論じている。

一九三七年一月の福沢先生誕生記念会では、「電力の鬼」と呼ばれることになる福沢門下生の松永安左ヱ門が「福沢先生の思出」と題して講演している。晩年の福沢の散歩に同行した際のエピソードや福沢の学生への訓戒、人生観などを語ったものだが、冒頭で強調されたのは「自由平等を唱ふる所謂人民戦線の勇士であつたと同時に愛国の志士でありました」という点である。福沢は「高潔なる心事」と「愛国の精神」から、日清戦争に際して「国防義金」を募り、海軍拡張運動にも熱心であったという。松永は、こうした姿に接した者は「先生こそ真の国家主義の権化で、平時、戦時共に国家の為に一切の犠牲を惜しまざる熱烈なる愛国の巨人」であったと感銘するであろう、と語った(『三田評論』第四七五号、一九三七年三月)。満洲事変勃発から五年余りが経ち、テロが相次いで「非常時」が叫ばれ、日中戦争の開戦が間近に迫った時勢である。個人主義は排除され、愛国心が否応なく高揚していた。

竹越与三郎も、福沢証言者としての役割を果たし続けた。一九三五年に刊行した『倦鳥求集』(岡倉書房)に収録された「国権論者としての福沢先生——破壊から建設へ」では、維新期の福沢はまず、「旧思想」「旧状態」を破壊する役目を担い、続いて慶應義塾を拠点に建設者の役目を果たしたが、一八八五年頃に「一変して国権論者」となり、「一個人の権利を纏めて、国家の権力として、之を外に向つて拡張しなければならぬ」と主張するにいたったという。特に朝鮮に対して、これを指導・開発し、国権をここに拡張しなければならないと考え、朝鮮問題には長く関与し続けた。

竹越は、「最初福沢先生が、自由民権を唱へる時は、殆ど逆賊の様に思つた人もあり、又国家を忘れた者と思つた人もあつた」が、「自由民権」のもとで機能を発揮した個人を集合し、国権を拡張しなければならない、というのが福沢の計画だったと強調する。ここにいう福沢の誤解者は、その時代の人のみを指したわけではなく、むしろ一九三五年当時の福沢批判者を意識した発言であったにちがいない。

一九三九年一月の福沢先生誕生記念会における講演「福沢先生の誕生日に際して」で竹越は、日本歴史上の福沢の地位は「独立自尊」の四文字で尽きており、福沢の登場によってはじめて「政治の下では人民として存在し、社会にあつては一個人として存在する」人間像が構築されたと述べている。ここでも竹越は福沢の国権論、特に朝鮮論に着目し、「先生の国権論は、朝鮮をロシヤに取られたら、日本の心臓に向けてピストルを向けられたのと同じになるから、どうしても朝鮮を日本ものにしなければならぬといふ趣意である」と説明し、福沢は「国権拡張」を目指した思想家であり、「如何に先生が国家の前途を達観し、而して之を導くの力を持つて居られたが《ママ》、深く敬服に堪へない」と結ぶ(『三田評論』第四九八号、一九三九年二月)。日露戦争や韓国併合はいうまでもなく、日中戦争もはじまっており、対ソ戦も現実味を帯びつつあった。

一九三一年七月には、『木堂雑誌』第八巻第七号に「福沢先生」と題する犬養毅の講演筆記が掲載されていた。福沢の趣味や教育方針などについて回顧した犬養は、義塾で討論会を開くと警視庁から探偵が配置されており、それも福沢が門下生に政治家より実業家を目指すよう諭す原因となったと述べている。福沢は門下生を家族のように思い、その眼中には貴賤富貴の区別がなく、大隈重信や後藤象二郎と会って話すときも、学生と話すときと同じ言葉遣いであった。最近では評議員になりたがる塾員が増え、「世間の階級とか地位と云ふものが三田に這入つた」と犬養は懸念を示し、「幾らか福沢先生当時の気風を保存したい」と語っている。犬養はこの五カ月後、内閣総理大臣となって満洲問題などの処置に苦慮し、一九三二年五月一五日に青年将校によって暗殺される。

†福沢ルネッサンス

こうしたなかで、石河幹明『福沢諭吉伝』全四巻（岩波書店、一九三二年）が刊行された。一九二三年に慶應義塾評議員会が福沢の伝記編纂を決定し、時事新報の記者だった石河に委嘱したものである。福沢の誕生から死去までを詳述したこの伝記は、今日でも福沢の決定版的伝記として位置付けられており、同書からしか得られない貴重なエピソードも数多いが、やはり刊行当時の時代状況は無視し得ない影響を与えている。

例えば第三巻で石河は時事新報について論じているが、同紙上で福沢が主張した「其著しきものを挙ぐれば軍備充実、特に海軍拡張論」であると指摘し、「『時事新報』が極力海軍拡張を主張して其実現に大に力を与へた事実は、日本海軍史上特筆大書すべきものであらう」と述べている。「朝鮮問題」を論じた箇所でも、福沢が同紙を刊行した目的は「官民調和」と「国民一致」によって「国権の皇張」と「日本の独立」を達成し、「一国の体面」を全うすることとある、とした上で、福沢の朝鮮との関わりを詳細に論じ、朝鮮の存亡は日本の安危に関わる重大事であり、これを誘導して文明化と独立を達成させ、「東洋の屏障」とすることが福沢の目的であり、ロシアが朝鮮に介入してくれば戦わねばならず、「其結果として早晩日韓合併の運命を見るべきことは、先生の予期してゐられたことであつた」と論じている。

石河は、『福沢諭吉伝』の成果を一冊にまとめた『福沢諭吉』を一九三五年に岩波書店から刊行し、ここでも福沢の生涯を描いており、福沢の朝鮮問題や日清戦争への関わりについても詳述している。「朝鮮問題と日清戦争とは不可分の事実にして、先生の東洋政略論の趣旨は、朝鮮は第一着の手段にして其目標は支那に在つたのである。固より首尾相聯関した事実であるけれども、朝鮮問題は先生の親しく関係せられた事柄であり、日清戦争は先生の一生中最も活躍せられた時代にして其記事も随つて多い」と石河は記した。

一八九五年生まれの加田哲二は慶應義塾で学生時代を送り、ドイツ留学を経て、一九二六年に義塾大学教授となったが、戦後の回想で、大正期の学生時代に「修身要領」の英訳を読まされ、一九三二年に石河幹明『福沢諭吉伝』が、一九三三年から翌年にかけて『続福沢全集』が刊行されると、福沢ルネッサンスと呼ばれる時代が到来し、「福沢の直弟子たち」にとって福沢は神のような絶対的存在で、歴史的人物として研究対象とし、「福沢諭吉」と書くことさえ非難される雰囲気だったと述べている（加田哲二『思想家としての福沢諭吉』慶應通信、一九五八年）。

慶應義塾で戦後の福沢研究を牽引していくことになる富田正文は、『三田評論』第四五八号（一九三五年一〇月）に寄せた石河の『福沢諭吉』の書評のなかで、近頃「福沢ルネサンス」という言葉を耳にすると述べ、「先生誕生百年祭を中心を《ママ》して、其前後に於て福沢研究熱が各方面の学者の間に熾烈となつて来たのは著しい風潮で所謂福沢ルネサンスの観を呈するに至つた」と観察し、その要因として、石河の『福沢諭吉伝』全四巻と『福沢全集』全一〇巻（時事新報社、一九二五〜一九二六年）・『続福沢全集』全七巻という「資料典拠の整備」があるとしている。富田は石河について、二〇年間福沢のもとで時事新報記者として働いた「先生の門下中、其平生を知ること最も詳かなる一人である……文明指導者として最も円熟せる時代の福沢先生の精神的に最も深く且つ高い一面に絶えず接触してゐた」と評し、『福沢諭吉』も『福沢諭吉伝』に記された事項を大要として活写し、「全体として極めてコンクリートな「こく」のあるものと」なっていると評した。

「先生誕生百年祭」とは、一九三四年に数えで生誕百年となった福沢を記念して大阪で開催されたもので、大阪三越では福沢展が催され、これ以降、全国各地で各種の記念行事が展開されていく。富田とともに福沢関係資料の編纂に従事した土橋俊一は同年を「ルネッサンスのピークをなした年」と呼んでおり、前年には塾長に小泉信三が就任、この年に慶應義塾大学日吉キャンパスが開設されて予科の授業がはじまった。生誕百年を讃える「日本の誇」（富田正文作詞、信時潔作曲）が発表されたのも、同じ年のことである（土橋俊一「福沢諭吉の著訳書遍歴――全集と選集の刊行を中心に」占部百太郎編『福沢先生哀悼録』付録、みすず書房、一九八七年）。

こうしたルネッサンスのなかで強調されたのは、すでに見たような国権論者としての福沢であった。『福沢諭吉伝』の「朝鮮問題」に頻出し、実際に朝鮮で新聞発行事業などに携わった井上角五郎は、一九三四年に自ら『福沢先生の朝鮮御経営と現代朝鮮の文化とに就いて』と題する著書を刊行している。

福沢が朝鮮経営策を展開する「最初から、先生の御命令を奉じて犬馬の労に任じた」と自負する井上は、中国が欧米に分割されることを懸念した福沢は、朝鮮を日本の勢力圏に置いて中国と同様の運命を辿らせないようにする必要があり、そのために「朝鮮人が文明の知識を養ひ生活の安定を得る」ことを「率先主張」するのが天職だと語ったという。井上は特に、ハングルを用いることで朝鮮を文明開化に導こうとした福沢の姿勢と、これに応じて朝鮮で新聞発行に努めた自身の体験を強調し、「朝鮮の既に併合に帰するや、依然としてこの文体がなほ盛に行はれたのでありましたが、世界大戦の後、朝鮮青年もまた大に奮起する所があつて、遂に正音を独立自尊の表象と称し、これを朝鮮民族の諺とするに至つたのであります」と記している。福沢の朝鮮問題に対する強い関心と関与、その「先見性」が強調された格好である。

†立憲主義と国権主義

この時期、慶應義塾の外で福沢について意欲的に論じたのは、歴史家の渡辺幾治郎であった。『中央公論』と並ぶ総合雑誌『改造』第一八巻第六号（一九三六年六月）に掲載された「福沢諭吉の立憲思想」で渡辺は、次のように書き出している。「我が立憲政治——議会制度の上に立つ——はどうなるだらうか、学者はその世界的に没落の運命にあると説き、強硬な軍国論者は政党の腐敗に愛憎をつかし、この政党を基礎とする議会の無力・不統一と緩慢とは到底現下の国難を救ふ所以でないとしてゐる」。

渡辺は、危機に瀕した立憲政治の将来を論じるわけではない、とした上で、その考察の「一材料」として、福沢の立憲思想を紹介したいという。「立憲政治の先覚者」として福沢を位置付ける渡辺は、幕末に欧米で議会を視察した福沢は、立憲政治の基礎を「人民の権利と自由」に見出し、その政治思想の根底に「国家の独立と個人の独立」を据えて、「自由民権」に対する憧憬とともに「国権に対して熱烈な皇張意見」を有していたとする。一八七九年以降、福沢は国会開設論を説き、議院内閣制の採用と政権交代の必要を主張したが、「官民調和」論者でもあり、官民が調和して立憲政治を創始することを目指した。福沢が記した『帝室論』も、帝室を人心収攬の中心として社会秩序を維持し、国権を拡張しようとするもので、「福沢の立憲思想、これを完成せんとする官民調和論は彼が帝室思想から出発したもの」だと渡辺は結論する。渡辺の福沢論は、福沢の立憲思想の先鋭性を、帝室の尊重と国権の拡張、官民の調和によって緩和し、同時代に適合させようとする、絶妙なバランスの上に立っていた。

こうした渡辺の主張は、福沢思想の時代適合性に苦慮していた慶應義塾にとっても、歓迎すべきものであった。一九三六年一月、福沢先生誕生記念会で「福沢先生の官民調和論」と題して講演した渡辺は、福沢の官民調和論は「今日、或る一部のいふ「挙国一致論」または政党一部のいふ「一党一派の下に挙国一致の実を挙げん」といふ主張と、大に類似してゐるやうでありますが、しかし必しも同一ではありません」と述べる。この相違は、福沢が思想の根底に「国家の独立とその基本たる個人の独立を求むる」点に起因し、福沢は「実利的な個人主義者」と思われるかもしれないが、それは一面で、「先生は熱烈なる国家主義・国権拡張主義の一面を有した人」であった、と渡辺は主張した。

福沢は自由民権運動とは距離をとり、「在朝・在野・官民相争ふよりも、互に相調和し、協力一致、国民には速かに立憲政治を与へて国民の自由・独立の気風を養成せしめ、この自由・独立の国民を集めて、鞏固な国家を作り、大に国権を皇張せねばならぬ」というのが持論であったとする渡辺は、一八九三年に明治天皇が発した和協の詔勅を引いて、福沢の立憲政治と国権拡張の思想は、「全く純日本主義で、明治天皇の叡旨に違はないのを見る」と強調した（『三田評論』第四六五号、一九三六年五月）。

こうした福沢理解は、後述する徳富蘇峰の福沢批判と、これに対する小泉信三の反論を通して、より深化していく。

†文部省と検閲

文部省サイドも福沢論を展開した。一九三七年、文部省国民精神文化研究所員の伏見猛弥は、東京帝大の同窓である阿部仁三との共著で、『福沢諭吉』（北海出版社）を刊行している。福沢の生涯、歴史観、政治観、教育観を論じた伏見等は、「教育は決して功利的にのみ考へられてはならぬ」として、福沢は功利主義者として実用的でない学問の不要を説き、教育方針の根本に物理学を据えたが、それは教育内容が「功利的」という意味であって、「それを受けとる者の態度は、決して功利的であつてはならぬ」というのが福沢の信念であったと述べている。義塾は単なる「読書の場所」ではなく、「教育の道場」であり、義塾は体育を重んじたが、それは「我々の実践的活動のため」であった。伏見等は、福沢が女子教育に期待したのも「我国固有の美風なる家庭的婦人良妻賢母の養成」にあったとして、福沢の思想全体が「極めて現実的にして穏健」であったと評している。

もっとも、これが文部省の見解をどの程度まで反映したものかは、慎重に検討しなければならない。天皇に政治的実権を持たせないとする『帝室論』について、渡辺が言葉を選びながら弁護したのは、当時、これに対する文部省などからの風当たりが強くなっていたためであった。

富田正文は、「昭和十二年富田正文と宮崎友愛の共編に係る「福沢文選」中に「帝室論」を収め、これを慶應義塾大学予科の学生の参考書に供しようとせしめたところ、時の文部省から「帝室論」は適当ではないとの注意があつて、再版でこれを削除せしめられた事実がある」（富田正文「後記」慶應義塾編『福沢諭吉全集』第五巻、岩波書店、一九七〇年）と証言しているが、実際には一九三七年発行の初版段階で、『帝室論』は削除された。一九四一年に改造文庫として刊行された『福翁百話・百余話』も、文明国が君主を戴くのは国民の「智愚」が低いためで、立憲君主制も共和制も「民心」を統治するための「方便」に過ぎない、とした「政論」などが、検閲を通りそうにないという出版社からの相談を受けた校訂者の富田の判断で削除されている（富田正文『考証 福沢諭吉』下、岩波書店、一九九二年）。『文明論之概略』についても、福沢が「後醍醐天皇の不明」に触れ、政権が王室を去ったのは王室自身がそれを捨てたものだ、などと論じた箇所が「改訂処分」を受け、一九三六年以降の岩波文庫版で削除されて白紙になった。一九三八年版でこの箇所に出くわした丸山眞男（当時、東京帝国大学法学部助手）は、「私の記憶では出版物にたいする検閲は、昭和十年ごろからの国体明徴運動以来、それまでは左翼書と左翼的論文が中心だったのが、一段と拡充されて自由主義的傾向あるいはファシズム批判的な色彩を帯びたものが次々と処分の対象となり、伏せ字の領域もひろがりました。……そういう時代状況の真只中にいた私にも「ついにここに至るか」の感を抱かせたのです」と回顧し、この削除について「近代日本の一九三〇年代以降の反動性がどこまで度はずれなものだったか、の一つの証拠とみるべきものでしょう」と述べている（丸山眞男『「文明論之概略」を読む』中、岩波新書、一九八六年）。

国体明徴声明（一九三五年）によって、政府は天皇の統治大権を強調して天皇機関説を否定し、慶應義塾大学でも機関説論者だった法学部教授の浅井清が講義の停止と著書の絶版措置を受けていた。ルネッサンスが起きて間もなく、福沢論を取り巻く環境は、それ以前に増して厳しくなっていたのである。

†マルクス主義の観点から

この時代にあって、検閲の眼を掻い潜りながら異色の福沢論を展開したのが、マルクス主義歴史家の羽仁五郎と、やはりマルクス主義の立場から著述・政治活動に従事した永田広志であった。

一九三七年に『新井白石・福沢諭吉』（岩波書店）を刊行した羽仁は、現代では資本主義が行き詰まりをみせており、これを克服する間に「ファシズム」が台頭していると述べ、その克服策を「現代以前」に求めて、新井白石と福沢諭吉を論じた。羽仁は福沢を、古い時代を打破し、新しい時代の進展のために助力して、「その必然の進展に対する非良心的反動的妨害にむかつては飽くことなくその撤退を求め」、貴族や官僚を批判して「一平民」として死んだとして、「近代思想家としての彼の思想及び行動就中彼の著書著述は現在なお生きて新しい時代のために智慧をあたえ激励と慰藉とをおくつて居る」と評する。羽仁も福沢が愛国者であったことは認めるが、「彼は、いわゆる国家主義の名に於いて日本人を不幸に陥れることに対してはあくまで反対し」た点に注意を喚起した。

福沢の自主、自由、独立、智育、進歩、真理を追求する教育や、官僚主義を批判し、言論集会の自由、婦人の権利などを主張した点などを論じた羽仁は、特に政治からの学問の独立を説き、これを実践した福沢の姿勢を高く評価し、「福沢諭吉は挫折しても、彼等の慶應義塾また時事新報は前途幾多の困難と障碍《しょうがい》との下に圧しひしがれようとも、福沢諭吉の生涯の苦闘に表現されたような近代の教育及び学問の自主自由の実現のための真理のための努力は、ほかならぬわが人民民衆の腕の中に、挫折することなき発展の方向に、継承せられざるを得ない」と結論する。四年前、羽仁は治安維持法違反で逮捕されて出獄、その後も反戦の立場から思想的な抵抗運動を続けていた。

この年一〇月七日、「体系的哲学者 Systematiker としての福沢先生」と題して慶應義塾萬來舎で講演した羽仁は、福沢は一般に「西洋文明の模倣者とか移植者」などと評されているが、「西洋文明を輸入されたゞけでなく、新たに学説を創造された所に先生の意義がある」として、「体系的思想家」には「プリンシプル（原則）」が求められるが、福沢は「日本思想史上、稀に見る深刻なる自立的の原則を持った思想家」であると評した。

福沢は教育の原則を「自主自由」「智育、進歩、真理」「十全教育」「責任教育」に据え、官僚主義に対して反抗し、言論・集会・出版の自由を重視して演説や新聞を広め、封建時代からその崩壊を予想し、社会主義に対する見通しも抱き、『文明論之概略』で「戦略的思想家」であることも示したとして、羽仁は「福沢諭吉先生が日本にに《ママ》於ける古来またその後現代をふくめてほとんど唯一の真の体系的哲学者思想家であるとゆうことの意味を、諸君は理解せられたであろう」と結論している（『福沢研究』第一号、一九四〇年一月）。

永田広志は一九三六年に『日本唯物論史』（白揚社）を刊行し、第二篇第二章で「福沢諭吉の哲学」を論じている。福沢を「啓蒙家として最も典型的な思想家」とする永田は、福沢が歴史的に「最も意義のあった」のは自由民権運動の開始以前だとし、この時期の「実学」主義を特色付けているのは、「実証科学万能主義」にあったとする。永田は、福沢の経験論的哲学は唯物論に傾斜していたものの、その世界観における「唯物論的核心」は鋭敏さを欠いたとして、この理由を「彼の宗教論」に求めている。福沢は「無宗教家、無神論者」だったが、実践の領域においては「甚だ妥協的」で、宗教を道徳上の手段として是認していた。

永田は、福沢が「理論上」は官尊民卑を罵倒しつつも、実際は官民調和をモットーとし、官僚制に対してラディカルな反対をしなかった点や、士族を重視して「勤労人民」を軽視した「階級的性格」に言及し、これらも福沢が唯物論的側面を露出させなかった要因に挙げている。こうした指摘は、戦後の左派による福沢批判の伏線となる。

†和辻哲郎と木下尚江

京都帝国大学文学部教授で倫理学者の和辻哲郎は、『思想』第四巻第一一九号・第五巻

一二〇号・第六巻第一二一号（一九三二年四・五・六月）に連載した「現代日本と町人根性」において、福沢を「町人根性的」で「明治の先覚者として先づ自然科学より学び初め、次いで『独立自尊』を生涯の標語としゝ多くの新しい資本家を養成した」思想家として位置付け、福沢が因習や先例に縛られた「空疎な漢学の知識」にこだわっている幕府や諸藩を批判して、文明開化を志向して実学を奨励し、それは個人主義と功利主義によって支えられていたとする。和辻は、個人主義はあくまで功利主義と結合して成立しうるものであり、個人は社会における個人であり、社会は「個人に於ける全体性」であって、社会主義と弁証法的な統一をなすべきであると述べ、天賦人権論に基づく個人主義が利己主義的色彩を帯びたと指摘する。

ベンサムを引きながら、「幸福の最大量を生み出すものが正しいのである。正不正の標準は最大多数の最大幸福として形づけることが出来る」として、「個人の幸福を全体の幸福に調和聯関せしむべしといふ命令が現はれて来る」とする和辻は、仁義を掲げて家のために自らを尽くす「町人根性」と功利主義の親和性を強調した上で、「文明開化の先覚者福沢諭吉は徹頭徹尾功利主義者であつたが、その功利主義の宣伝にとつて最も有力であつたのは封建道徳の攻撃である」と述べ、自由民権運動がその反封建的色彩に共鳴して功利主義を飲み下し、個人の幸福と一致する「一般の安全繁盛」を力説することとなったとする。かくして、資本家が忠臣義士に代わって「最大多数の最大幸福」を図る「最も正しい人間」になったと和辻は説き、「我々は功利主義的個人主義が現代日本の建設のための強い動力であつたことを承認しなくてはならぬ」とした上で、「町人根性」を「現代の危険」とする階級闘争史観の批判的考察に歩みを進めていく。

一九二七年からヨーロッパに留学した和辻は、日本人としての「国民性」や「伝統」を自覚してこれを賞讃し、国民国家建設運動としての明治維新を賛えつつ、「国民性」の特徴として情愛や結合を見出し、利己主義や帝国主義を克服すべく、「国民的共同社会」を創出すること希求していた。「現代日本と町人根性」でも、日清・日露戦争を経て資本主義が勃興して「国民的自覚」が希薄化し、「萎微して来た国民的精神を、今や慌てて救ひの力として求めてゐる」と述べているが、福沢を代表例とする「功利主義的個人主義」が「一般の安全繁盛」や「最大多数の最大幸福」と連関していた点を強調したのも、こうした背景によるのであろう。

この後も熱心に福沢の著作を読んだ和辻は、一九三四年に東京帝国大学文学部に移り、一九三九年の同文学部倫理学科の「日本倫理思想史演習」で『福翁自伝』や『西洋事情』、『学問のすゝめ』、『女大学評論』などを取り上げた。当時の学生のノートによると、思想家として福沢は「大したもの」ではなく、「浅薄な、表面的なことだけ、シビライゼーション」の意味の面にしか着眼せず、哲学者としてのオリジナリティーはないと評しつつも、『西洋事情』と『学問のすゝめ』の「中心点は西洋の個人主義、自由主義、資本主義」にあり、「福沢の個人主義の場合、その個人と個人との結合の紐帯となるものは、なんと解釈しているだろうか。自然的欲望が社会紐帯とされているのか。欲望のための利害が、個人と個人を結びつける。国家もそうである」と個人と国家との連関に着目し、「人民の権利、気力という、結局、デモクラシーを鼓吹したかったのであろう」などと発言している（勝部真長『和辻倫理学ノート』東京書籍、一九七九年）。このあたりの評価が、「現代日本と町人根性」や戦後の福沢論に接続しているものと思われる。

激動の一九四〇年代に展開された福沢論に進む前に、かつてキリスト教社会主義者として幸徳秋水などと日露戦争に反対の声を挙げ、足尾鉱毒問題に熱心に取り組むなど、さかんに社会活動に従事しながら、その後、社会主義者間の対立などを受けて隠退し、静坐の生活を送っていた木下尚江の福沢論にも触れておこう。

木下は『明治文学研究』第一巻第一号（一九三四年一月）に、「福沢諭吉と北村透谷—思想上の二大恩人」という短文を寄せた。新聞も読まず、友人や親戚との交際もしない生活を送っているという木下は、「その最初の一つの言葉、又はその最後の言葉によつて、永遠に残る人がいる」として、少年時代に読んだ『学問のすゝめ』の冒頭の文章「天は人の上に人を造らず、人の下に人を造らず」を挙げ、当時これを「天外の声」のように受け取り、忘れることができなかったと述懐する。自由民権運動がはじまり、少年も政談演説を聴きに行く時代であり、木下は政治改革運動に誘惑されていった。もうひとつ忘れられないのが、透谷が『女学雑誌』に掲載した「厭世詩家と女性」の冒頭の一句、「恋愛は人生の秘鑰《ひやく》なり」である。

木下はいう。「日本も爾来四十年を経過し文化も栄えたが、「恋愛は人生の秘鑰なり」といふ鉄門を開いた人が天下に幾人あるだらうか」。福沢の言葉も同じであったろう。木下の時計は、少年時代から日露戦争まで回ったままで止まっており、知識人の福沢論がすでにみたような変貌を遂げていることなど、知る由もなければ知る気もない。

木下はこの約三年後に、六八歳で死去した。福沢論や福沢像を描く時計は回り続ける。

5 試練の時代――一九四〇年代

†日米開戦前夜の福沢論――慶應義塾

一九四〇年代を迎えた。一九四〇年、慶應義塾福沢先生研究会編『福沢諭吉の人と思想』（岩波書店）が刊行される。

冒頭に収録されているのは、前慶應義塾長・林毅陸の「独立自尊」である。林は、独立は孤立ではなく、個人の存在は社会の一員となってはじめて意義を有するとして、独立は相互間の協力を前提とするため、「独立自尊」の前提とする独立も利己主義を意味するものではない、と説く。福沢は一身独立して一国独立す、と述べ、「強き個人より成る強き国家の建設を目標」とした。現代日本では個人は強くなってきたが、団体運動は、果たしてどうか。階級闘争を刺激する階級意識に陥ってはいないか。林は国家意識の重要性を説いている。

次に、塾長・小泉信三が「福沢先生の国家及社会観」を論じた。小泉もまた、福沢の思想は個人主義的自由主義と解されているが、福沢自身は国防論を説き、日本国の独立を追求したと指摘する。日本人がなぜ日本国を大切に思うのか、それは論証できない「イルラショナル」なものであるとの持論を展開し、「先生の著作の中には屢々猛烈な色彩を以て、イルラショナリズムの思想が現れて来る」という。福沢が日清戦争の勝利に喜んだ逸話に触れて小泉は、「国民をして真実に国を愛せしむる為には、其国を彼等自身の国にしなければならぬ。自分の国として愛せしめなければならぬ」と主張し、それこそが、終生「個人の不羈独立」を唱え、「封建的卑屈」を攻撃することに尽くした福沢の精神である、と結論した。

富田正文も「戦争と福沢先生」と題する論考を寄せた。富田は、戊辰戦争、西南戦争、日清戦争、それぞれの戦争における福沢の態度について論じ、戊辰戦争の最中にウェーランドの経済書を講述したことについて、戦争を恐れて忌避し、これを冷眼視したわけではなく、むしろ「報国致死、国家の独立を身を以て護らんとする精神こそ、正に福沢先生の戦乱中に於ける洋学講究の心事」であったと解説している。西南戦争に際しては西郷隆盛が示した「抵抗の精神」を評価し、日清戦争では「畢生《ひっせい》の念願たる国権皇張、東洋政略実現の機会到るとなし、勇躍奮励、あらん限りの努力を傾けて、国民の敵愾心を煽り、国論の統一を図り、士気を鼓舞して已《や》まなかった」と評している。

本書には先述の渡辺の講演録も収録されており、読者には国権拡張論者、愛国者としての印象が強く残るものとなっている。

富田は一九四〇年八月の『財政経済時報』に「福沢先生と東洋政略」を寄せ、有田八郎外相がラジオで発表した新外交方針が、「南洋を包括する所謂東亜経済圏に於ける日本の優位立場を中外に宣明したもの」であり、日本が先進諸国を相手に堂々と所信を主張したことに「今更ながらに感慨の切なるものあるを覚えた」と表明した上で、「国家の独立を護り国権の拡張を図り、惨憺たる苦心を重ねて遂に今日の日本を築き上げげた」「最大の功労者」として、福沢を位置付ける。

福沢が最も力を注いだのは「国権拡張」、特に「対朝鮮支那の問題、今日の言葉で言へば大陸国策の指導」であり、そのために軍備拡張と増税を訴え、「欧米列強の東洋に対する侵略」から日本の独立を保全しようと尽くしたとして、富田は、「東亜共栄圏の盟主たる日本の地位を見ることが出来たならば、先生は果して如何なる言葉を以て其の感激を表し、如何なる言葉を以て国民の決意を促したであらうか」と思いを馳せている（富田正文『福沢諭吉襍攷』三田文学出版部、一九四二年）。

一九四一年八月に『知性』に掲載した「福沢諭吉の独立論——「学問のすゝめ」を中心として」では、富田はやや異なる議論を展開している。国家が重大時局に直面し、「高度国防国家」の建設や新しい政治理念が説かれる今、「曾ての非常時局に一世を指導した此の明治の巨人に就て、其の人と思想とを顧ることは決して徒爾《とじ》でないのみならず、寧ろ今こそ最も痛切に福沢精神の復活が必要とされる」とする富田は、高山樗牛が福沢を英国流功利主義の代表者としてのレッテルを貼って以来、福沢は「自由主義」「合理主義」「個人主義」論者として片付けられる傾向にあるが、それは福沢の一面を説明したに過ぎない、と反論する。強調されるのは、福沢が西洋文明の採用を通して「人民独立の気力」を涵養し、日本国民としての自覚を得させて国家の動向に積極的に参与させ、国家がその独立を確保し、国権を伸張させた点と、そのために自然科学を中心とした教育に力を入れた点であった。

富田は、「挙国一致」や「一億一心」、「国家総力」が叫ばれる今、国民の「言動の自律性」を否定し、政府に「盲従」を強いるのは国家のためにならず、その意味で「福沢の真精神は今日に於てこそ十分に回顧されて、新しい時代精神の中に摂取」される必要があると説いている。国権を拡張し、独立を維持しようとする国家に対する、国民の主体的貢献を強調する文脈からの、福沢の再評価であった。

一九四一年二月九日、高橋誠一郎はラジオで「福沢諭吉先生の経済思想に就いて」と題して語っているが、そこで力点が置かれているのも、幕末期に「自由主義的な色彩」を帯びていた福沢の経済論が、一八七七年頃になると「国民主義的な色彩が濃厚となつた」点であり、福沢は、貿易競争に勝利するために最も重要なこととして、「全国人民の脳中に国家といふ観念を抱かしむる」ことを主張し、貿易を促進することで「我が国産の出づるを増し、我が国益を進めんとした」と説明している。

福沢は、英国と対峙して遅れをとらない「一新文明国」として日本を発展させようと考え、日清戦争の勝利も「官民一致団結の結果」であると捉えて喜び、「先生は日本をして国際的争覇戦の優勝者たらしむるが為めに、国民の總親和を説かれた」と高橋はいう（高橋誠一郎『大磯箚記』理想社、一九四四年）。国家総動員体制、国家総力戦を濃厚に意識した発言である。

†日米開戦前夜の福沢論——京都

慶應義塾の外に眼を移してみると、一九四〇年一一月・一二月の『公法雑誌』第六巻第一一号・一二号に、同志社大学法学部教授の田畑忍が「福沢諭吉の政治思想」と題する論文を連載した。田畑はまず『西洋事情』について、「文明制度の移入による日本の文明開化と日本国家の独立即ちその国権の皇張とを念慮せしむるものである」と評価し、『学問のすゝめ』についても、「一身の自由独立とともに一国の自由独立・一家の独立・一国の独立は三位一体の原理を作すものであり、その民権論と国権論の並行観はこゝにすでに成立してゐた」と解説している。福沢の代表的著作と位置付けられる『文明論之概略』は、「結論としては一種の国防論」で、「国家的独立といふことゝ文明とを結び付けて立論した」と評し、民権派と守旧派が合同して反政府的な運動を展開するのを好まなかったため、議会開設論には踏み込まなかった、という理解を示した。『国会論』を発表した一八七九年頃の福沢も、議会の開設を必要としながら、あくまで官民の調和を前提としていた、と田畑は注意を喚起している。

田畑は大正デモクラシーやマルクス主義の影響を受けた憲法学者で、天皇機関説事件で著書の発禁処分を受けるなど、学者としての立ち位置はリベラルで左翼的とみなされていた。田畑自身、自らの福沢研究について戦後、「弘之研究との関係で並行して福沢研究もやることになったんです。下からの民主主義という点が何か変じゃないか、やはり国権主義じゃないか、そこを見て行こうという考えだったわけですが、これは追及不十分に終っています」と述懐している（上田勝美・松下泰雄編『平和と人権への情熱——田畑忍その人と学問』法律文化社、一九七九年）。田畑としては、加藤弘之に比して「下からの民主主義」の唱道者と見做されやすい福沢像に疑問を抱き、「国権論者」としての側面に照射したわけだが、それが結果として、慶應義塾関係者の福沢論と同様、「国権論者」福沢を強調し、補完する形になった。

京都学派の哲学者・三木清は、『中央公論』第五六年第六号（一九四一年六月）に「学問論」を発表した。冒頭で三木は、「福沢諭吉の『学問のすゝめ』は当時広く影響を与へた著述であるが、今の世においても学問に志す人にぜひ一度読むことを勧めたい」と述べ、『学問のすゝめ』の価値として、第一に、「学問乃至教養の封建的理念に対する近代的理念」を示し、特に「実学」を強調したこと、第二に、「封建的な人間観、社会観に対する新しい近代的な人間観、社会観」を根底とし、学問の目的に「自由独立」、さらに「自国の独立」を据えたこと、第三に、「学問の普及と共に道徳、とりわけ社会道徳の改善を期してゐる」ことを挙げる。

福沢の「自由独立」論が、「時代の制約」によって自由主義的であったことは否定できないが、日本において実学が発展しなかったのは、大学が官僚養成所と化し、「法科万能」主義がとられて自由主義が制約されたためであり、今日は国際情勢の変化によって「科学・技術の発達の重要性が痛感される」ようになったとする三木は、「国の独立のために学問の大切であることが現実に明かになつてきた」と主張する。自由主義は「功利主義」や「無統制な自由競争」、「個人主義」に由来するために、近代科学の発達に制限を加えてきた面もあるが、「科学の要求を完全に実現するためには自由主義の制限を超えた新しい学問研究の組織が作られなければならぬ」とする三木は、「共同社会」的な「塾」や「道場」の存在に着目し、自らのためにのみ学問する者を「蟻の門人」と呼んだ福沢を引いて、学問の社会性、全体性を問うている。自由主義の制限、国家の独立、国際情勢の変化といった時代的要素を加味しつつ、学問における人間観と社会観の連関という観点から、福沢の教育理念を再評価したものであった。

三木は『文藝』第九巻八号（一九四一年八月）で、文芸評論家で明治大学教授の小林秀雄と「実験的精神」と題して対談している。三木の「学問論」を読んだ小林が、「三木さんの文章はちつとも変わらないね」と話すと、三木は、人間は進歩せず、科学が発達すれば戦争がなくなるといわれていたが、「今度の戦争」でそれが嘘だと証明されたと述べ、「一番欠乏してゐるは実験的精神だと思ふ」と語った。これに応じて小林は、『文明論之概略』の序文を紹介し、過去の文明と新しい文明の双方を有しているのが日本人の「実際の経験」であり、それをチャンスとして利用すべきであり、そのためには西洋人より議論を「確実」にしなければならないと福沢は説いており、これが「実証精神」だと述べ、三木も「さうだ」と答えた。

小林は、福沢が実践した「真摯な、物に即した学問の方法が何処に行つて了つたかといふ事が不思議でならない」と問うと、三木は、大正時代に登場した「教養」思想によって実証的な精神が失われ、観念的な教養が作り上げられたと答えている。小林は、弾圧を恐れて思想が形成される「思想の浅薄な起り方」が「いやだ」と述べ、大政翼賛会や出版文化協会が契機となって「切実で現実的な思想」が生まれるという考えが「いけない」として、これからの日本の文化をどうすべきか、「これは軍隊を強くして経済組織を強固にする。それだけだよ。皮肉ではない、大真面目だ」と力説している。福沢の学問観、文明観から何を継承すべきか、思想的模索が続いていた。

†日米開戦と福沢攻撃・弁護

一九四一年一二月八日、太平洋戦争がはじまる。福沢が個人主義者・自由主義者として見做されることが多かったこと、英米思想・文明の移入に努め、これをモデルとした国家構想を描いたことは、改めていうまでもない。日米開戦後の福沢と慶應義塾について、富田正文は「このころは、いわゆる自由主義の本山、英米思想の輸入元として、慶應義塾に対する軍部の風当たりの極めて強かったときで、あるいは福沢諭吉を抹殺し慶應義塾を打潰せというような声が露骨に叫ばれたときであった。太平洋戦争の様相がようやく険悪となり、わが軍の形勢が日に蹙《しじ》まるすがたを呈して来ると共に、福沢と慶應義塾に対する攻撃は時にヒステリックなかたちをとって来るようになった」と回想している（富田正文「戦時の塾長として——徳富蘇峰との対決」『泉』第一一号、一九七六一年一月）。

当時においても、『三田評論』第五三四号（一九四二年五月）に「昨秋以来の福沢論——福沢諭吉関係文献紹介」を寄せた昆野和七は、「一昨年の秋頃より昨年の初めにかけて福沢攻撃論が世間に可成り評判になつた」とした上で、「それに応ずるかのやうに義塾以外の他校出身の学者、評論家が福沢弁護論とでもいへるやうな筆陣を張つた」と観察し、「福沢弁護論」は、「福沢諭吉は思想家として単純なる自由主義者ではなく、国家主義者、国権皇張論者なりと為すものと、福沢の所説は今日尚ほ生命のあるものであるといふことに帰着する」と整理している。昆野は当時、富田とともに慶應義塾で塾史編纂係を務めていた。

慶應義塾内でも福沢を弁護する議論が展開され、そこでは主に「国家主義者、国権皇張論者」の側面が強調されていく。例えば、慶應義塾大学文学部教授の小林澄兄《すみえ》は一九四三年に『福沢諭吉』（文教書院）を刊行したが、その緒言は、「国権の確立皇張を最後の目標とする以外余念のなかつた福沢諭吉が、今日世間の一部に、その片言隻語の偶々過激なりしを問題とせられて、取るに足らぬ誤解を招いてゐる風の見受けられる此際、私は本書の著者としていささかその誤解を解くに役立ち得ることを幸せとするものである」と表明している。実際、福沢の生涯と思想を分析した同書では、随所に「教育は民権及び国権の確立皇張のためと我国文明の進歩のためとに欠くべからざる要件たるべきものと看做した」「我国固有の士風を堅持し、独立抵抗の気風を熾んにし、以て国権の確立皇張を図るべきである、といふ先生の持論」といった記述が展開されている。

早稲田出身のジャーナリスト・川邊《かわべ》眞蔵《しんぞう》が一九四二年に上梓した『報道の先駆者福沢諭吉』（三省堂）が一九四三年に再版されているが、その再版に寄せた序文で福沢門下生の高《たか》石《いし》眞《しん》五《ご》郎《ろう》は、同書は福沢が優れた「愛国者」「国権主義者」「国権膨張の急尖鋒」であったことを主たるテーマにしていると述べている。川邊自身、「自序」において、真珠湾攻撃以来の日本軍が「世界無二、天下無敵」であり、日本海軍の建設に身命を捧げた「最も有力なる一人」として福沢を挙げ、福沢が海軍拡張の緊急性を強調した「功績」を等閑に付すべきではない、と強調し、こうした側面が「三田学風の開祖、明治の実利的文化主義の代表的地位にある彼の盛名」に覆い隠されているとして、その国権論的側面が展開されている『時事新報』に着目した、と記した。

同書では、時事新報創刊の経緯などを踏まえて、福沢が「まづ国権論を主張」し、「東洋政略と軍備拡張」を説いて、朝鮮問題に関わり、日清戦争の際に主戦論を唱え、軍資金醵集運動を展開したことなどが詳述され、「福沢がその海軍力を世界随一として、これと同盟を結ぶことを最も念願した英国の海軍力は、今や我が海軍の前に全く無力化したのである。わが国のこの海軍力の勃興と充実の実際を見たならば、彼は何といふだらうか。……感極まつて号泣するかも知れない」と論じられている。

†戦時下・丸山眞男の福沢論

「福沢の所説は今日尚ほ生命のあるもの」としていった代表的論者は、戦後の福沢研究を代表することになる丸山眞男である。東京帝国大学法学部の助教授となっていた丸山は、東京帝国大学編『東京帝国大学学術大観　法学部・経済学部』（東京帝国大学、一九四二年）に掲載された「福沢諭吉の儒教批判」で、福沢が洋学によってヨーロッパ市民文化の移入・普及と日本の封建意識の打破に力を注いだ際、最大も障壁となったのが「儒教思想」であったとして、「「独立自尊」の市民的精神のための諭吉の闘争は必然に儒教乃至儒教的思惟に対する闘争と相表裏することになった」とする。

福沢の儒教批判について詳しく分析した丸山は、最後にこれと「不可分の関係にある」朝鮮改革問題と日清戦争に関する福沢の所論に言及し、朝鮮・中国問題に対して「最強硬の積極論者」であった福沢は、朝鮮王族の背後で「排外守旧熱を鼓吹」していた儒者の存在を見て取り、「支那朝鮮は彼が歴史的必然と信じた文明開化の世界的浸潤に抵抗する保守反動勢力の最後の牙城と映じた」と評し、これが中国に対する敵対意識に発展したとして、「諭吉における独立自由と国権主義との結合が反儒教主義を媒介にしてゐた」と結論している。小泉などが語る国権論者福沢像とは異なる観点から福沢を再評価し、その「市民的精神」を説いて暗に時事批判を試みたものであった。

さらに、『三田新聞』（一九四三年一一月二五日付）に掲載された「福沢に於ける秩序と人間」で丸山は、福沢を「歴史的過去」に定着させようとする場合、「彼のうちに啓蒙的な個人主義者のみ」が見出され、これを「今日の思想家」と見做す場合は「彼のうちに国家主義者・国権主義者を見る」が、福沢は単なる個人主義者でも単なる国家主義者でもなく、「個人主義者たることに於てまさに国家主義者だつた」とする。かつて日本国民にとって国家は一つの社会的環境であったため、近代国家として正常な発展を目指す場合、「政治的秩序に対して単なる受動的服従以上のことを知らなかつた国家大衆に対し、国家構成員としての主体的能動的地位を自覚せしめ、それによって国家的政治的なるものを外的環境から個人の内面的意識の裡に取り込むといふ巨大な任務」が遂行されなければならない。丸山は、福沢は旺盛な闘志をもってこの「未曾有の問題」に立ち向かった第一人者であり、「独立自尊」は個人的自主性、すなわち自主的人格の精神を意味し、福沢の最終目標は国家に対する自主性の獲得にあったとしている。福沢は「個人個人の自主的な決断を通して国家への道を歩ませた」が、果たして現在の国民は「近代国家形成能力」を有しているのか、どうか。「今日国民が各自冷静に自己を内省して測定すべき事柄に属する。福沢の現代的意義の問題はその後にはじめて決せられるであらう」と丸山は結んでいる（傍点原文）。

丸山は戦後の一九四七年に交詢社で「福沢先生の思想に就いて」と題して講演し、その原稿の一部を「福沢諭吉の人と思想」（みすずセミナー講義、一九七一年一一月二六日）で紹介しているが、そこでは「今度の戦争中に、福沢の言説の中の「国権論」「大陸発展論」を強調」する傾向があったが、「福沢がもし生きていたならば、彼は必ずや、戦争中においては、一身独立して一国独立す、個人自由なきところ、下からの個人の自由な自発性に支えられずしてどうして国家の発展があるかということを切論したでありましょう」と述べている（丸山眞男著／松沢弘陽編『福沢諭吉の哲学他六編』岩波文庫、二〇一九年）。右のような福沢論は、こうした福沢理解に基づく同時代批判の意を込めたものであったにちがいない。

当時の大学新聞はクオリティー・ペーパーとしての質と批判精神を保っており、戦時下の言論統制で執筆の場を失った左派の論客も『三田新聞』に寄稿していた。同紙が学徒出陣記念号として福沢の国権論によって学生を鼓舞することに不満を持った編集部員が、富田の塾史編纂を手伝っていた林基に相談し、林が府立一中時代の同期生だった丸山に依頼して、この寄稿が実現したといわれている。丸山自身、「『三田新聞』は学徒出陣の記念ということで、福沢の国権論とか、大陸への軍事的発展にたいする肯定の側面がもっぱら強調されるような紙面になるので、福沢にたいする、やや異つた見方がほしいという話であった。私にも林君の意図はよく理解されたので、その場で承諾したように憶えている」と回想している（丸山眞男『戦中と戦後の間　1936-1957』みすず書房、一九七六年）。

丸山は福沢に関心を抱いたきっかけについて、一九三七年に東京帝大の助手として採用され、日本思想史を専攻することとなり、儒教の勉強からはじめたものの「全然面白くない」なかで、「ともかく福沢を読みはじめると、猛烈に面白くてたまらない。面白いというより、痛快々々という感じです。そういう感じは今からはほとんど想像できないくらいです。とくに『学問のすゝめ』と、この『文明論之概略』は、一行一行がまさに私の生きている時代への痛烈な批判のように読めて、痛快の連続でした」と回想している（丸山眞男『「文明論之概略」を読む』上、岩波新書、一九八六年）。こうした福沢評価や林の依頼、三田新聞の編集方針などが重なって、「福沢に於ける秩序と人間」が生まれたわけである。

なお、丸山の勤務先である東大法学部では、学生の小林春尚が同学部の学友会・緑会の懸賞論文に応募した「危機における指導者的思想家としての諭吉の諸性格」が、一九四一年一二月二七日発行の『緑会雑誌』第一三号に掲載されている。小林はここで、「諭吉は明治における治者および被治者の指導者であった。……一平民福沢諭吉の名は、明治のバイブル「文明論」と共に永遠に記憶されねばならない」と書き起こし、福沢は「危機的思想家＝指導者」としての性格を持つとして、特に西洋思想を消化して換骨奪胎し、日本の現実に適応させた点に着目し、幕末維新当初の言動は「旧秩序的正義への冷酷性」を帯びていたとしている。福沢が「近世的封建社会の打破、近代的市民秩序、建設の任務」を遂行した基盤には、下層士族出身者としての苦しい体験があり、その遂行手段は「文章の革新」と「英学の採択」にあった。

小林は、『学問のすゝめ』から『文明論之概略』までが福沢の「最も調子の高い」時期であり、封建的な桎梏から解放され、自己の独立の意思を有する近代的個人の育成に注力したとして、「新秩序の建設にあたり、達眼にも先づ「心の革命」を企図したことは、急速に近代化を強ひられた新しき日本が彼にいかに感謝しても尽せぬものがあらう」と高く評価し、その後の福沢が「官民調和」と「外国交際」、「国会開設」を論じて「平等に治者被治者を指導鞭撻し、専ら近代国家秩序の完成にその精神的努力を傾けた」と論じている。小林は末尾で「筆者は余りに光を強調したかも知れない」と反省の弁を述べているが、たしかに同時代にあっては異色の、福沢の「光」に焦点をあてた論文であった。

†徳富蘇峰の攻撃

丸山は「福沢に於ける秩序と人間」で、福沢の「個人主義」の「時代的役割」は既に「果たし終わつたとされる」と記しているが、実際、川邊のいう「三田学風の開祖、明治の実利的文化主義の代表的地位にある彼の盛名」は、「汚名」として慶應義塾に降り注いでいた。

日本軍の戦局が悪化していた一九四四年三月、『言論報国』第二巻第三号に徳富蘇峰が「蘇翁漫談」を寄せる。蘇峰は大日本言論報国会（内閣情報局の指導下で組織された評論家・思想家の国策協力団体）の会長であり、『言論報国』はその機関誌であった。蘇峰は日本文学報国会の会長も兼ねており、序文で記した通り、当時、言論界に止まらない圧倒的な影響力を誇っていた。明治期を振り返りながら、蘇峰は「福沢先生は伊藤とか、西園寺とか、陸奥とかいふ人よりも学者の大いなる看板を掲げ、大先生として三田の一角に拠つて隠然明治政府より一敵国視せられた人である」と述べ、「先生は実に偉いと思ふが、然し西洋のことを無茶苦茶に輸入する点に於ては伊藤や陸奥なんかの比ぢやない。より以上のものである。彼は西洋のいいことを輸入するといふよりも、日本のことを悉く壊すといふ方針でやつて来た。福沢先生の破壊した力といふものは非常に大きなものであつた」と福沢を批判した。

蘇峰は福沢が「愛国者」であったことは認め、「啓蒙運動」を展開したことに感謝の意を示しつつも、「功利主義」を唱えて「日本の従来の良風美俗をして地を払ふに至らしめたことについては福沢先生はまことに重大なる責任を持つて居られることと思ふ」と続ける。独立自尊についても、「個人主義を異つた言葉で説明したもの」であるとし、「国家の大事でも自分に於ては何等頓着ない。……独立自尊でやつて行く以上は愛国といふことなどとは縁が遠くならざるを得ないやうな結果になつてきた」と評し、過去七十年間、欧米思想を輸入してきた歴史を清算し、「日本精神」「日本の文化」を再構築すべきではないか、と主張している。

これまでみてきたように、慶應義塾関係者は時に神経質になりながら、独立自尊は利己主義ではなく、福沢は国権拡張論者、愛国者であると力説してきた。そうした福沢論を大日本言論報国会・日本文学報国会の会長によってひっくり返された格好である。

†小泉信三の反論と「傷」

大日本言論報国会の会員でもあった小泉信三は激怒し、「徳富蘇峯氏の福沢先生評論に就いて——先生の国権論其他」と題する反論文を書いて『言論報国』に掲載するよう求めたが、会内部の紛争を恐れた編集長の鹿子木《かのこぎ》員信《かずのぶ》が原稿の一部を削除するよう要請したため、小泉はこれを断って別に発表することになった。鹿子木宛の書簡で小泉は、「何某又は何某の教を受けたるものと明に指斥して之を非愛国者なりと公言するが如きは、一帝国臣民の他の帝国臣民に対する言明として誠に容易ならざるところ」であり、「徳富氏果たして何の見るところありて斯る毒言を以て人を傷け、「言論報国」の編輯責任者も亦何の信ずるところありて之を誌上に掲げて其挙を幇助するや」と追及している（前掲「戦時の塾長として」）。

小泉の反論文は結局、『三田新聞』一九四四年五月一〇日付に掲載された。小泉はここで、福沢の著作に一貫しているのは「国権皇張論」であり、西欧列強のアジア侵略からいかにして日本の独立を護るかを心配し続けたと述べ、日本に対する西洋人の脅威を強調して西洋心酔論者を批判した福沢について説明し、日清戦争での勝利に喜び、さらに軍備拡張を訴えた点などを示して、「福沢先生の愛国的国防論の大要はかくの如きもの」とした。

福沢門下生は愛国とは縁が遠くなるという蘇峰の議論に対しては、「福沢の教えを受けたものはといえば、私共の同窓の者は皆そうです。そうしてその中の幾千百の青壮年は今陸上海上空中において戦っています。そうして彼等は皆福沢先生の名を口にして襟を正すものですが、それ等凡べての者が非愛国者だと徳富氏は言われるのですか」と小泉は反論している（小泉信三『小泉信三全集』第二一巻、文藝春秋、一九六八年）。小泉の福沢解釈は、これまで展開してきた福沢論の延長線上にあるものだが、学徒出陣で学生を戦地に送り出した身として、特に福沢門下生は非愛国者という譏りは許しがたかったに違いない。

小泉はこの反論文に書簡を付して直接蘇峰に送ったが、蘇峰からの返事は確認されていない。「国権皇張論者」「愛国者」としての福沢イメージに傷がついたまま、日本は敗戦を迎えることになる。

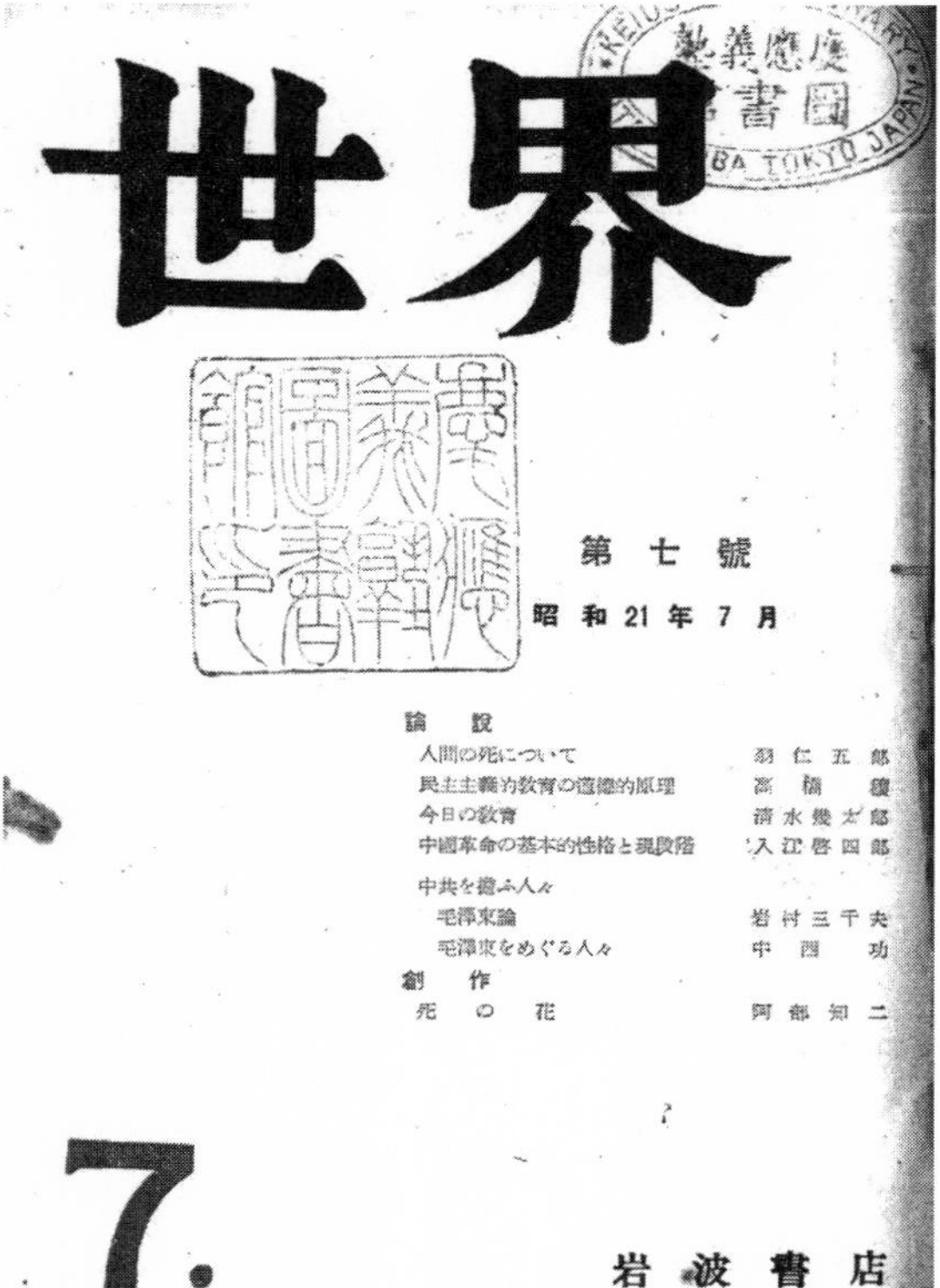
世界

第七號

昭和21年7月

論説
人間の死について　羽仁五郎
民主主義的教育の道徳的原理　高橋穣
今日の教育　清水幾太郎
中國革命の基本的性格と現段階　入江啓四郎
中共を擔ふ人々
毛澤東論　岩村三千夫
毛澤東をめぐる人々　中西功
創作
死の花　阿部知二

7.

岩波書店

『世界』1946年7月号表紙（富田正文「福沢先生と国語問題」掲載）

第四章

華麗なる復活
——連合国軍占領と横溢する賛美

1　占領の開始と民主化政策のなかで――慶應義塾からの声

†「独立自尊主義」の再登場

太平洋戦争が終結し、日本はアメリカをはじめとする連合国軍に占領された。GHQ（連合国軍最高司令官総司令部）は民主化政策を推進し、福沢はその旗頭の一人に位置付けられる。英米主義が時代を席巻し、民主主義や自由平等主義が叫ばれ、個人主義や功利主義が復活し、女性の権利や学問の自由が求められ、それらのあらゆる面から、福沢の再登場が期待された。

空襲で大火傷を負いながら、一九四七年（昭和二四年）まで慶應義塾長の立場にあった小泉信三は、一九四八年六月、『新潮』第四五巻六号に「学問のすゝめ」と題するエッセイを寄せている。最近時々『学問のすゝめ』を取り出して読むという小泉は、かつて同書の使命は終わったと書いたが、「然るに十余年後の今日に於て、事情は一変した。私は自説を訂正しなければならぬ」という。

同書は「日本人の最も痛切なる現実の必要に応じた、また読んでも最も面白い本になつた。其使命はまだ果たされてゐないと思ふ」と述べる小泉は、「天は人の上に人を造らず、人の下に人を造らずと云へり」や「愚民の上に苛き政府あり」、「独立の気力なきものは国を思ふこと深切ならず」、「天理に戻ることを唱る者は孟子にても孔子にても遠慮に及ばず、これを罪人と云て可なり」といった同書の一節一節を紹介し、「何れも皆な強く日本今日の時弊に当るものである」と評した。あれほどまで強調していた「国権皇張論者」「愛国者」としての福沢は、遥か後景に退いている。敗戦前年に徳富蘇峰が福沢の愛国的側面を否定し、個人主義的な側面を強調したことは、戦後の福沢論・福沢像を構築していく上で、むしろ幸運であったかもしれない。

一九四八年に慶友社から『福沢諭吉の人と書翰』を刊行した小泉は、百通の福沢書翰を収録して、これに解説を加えている。福沢が人に与えた感化は、言説に加えて情誼や侠気、操守かつ清潔な「私行」によるものであり、一貫して「平民」として政治家の「下風」に立たず、「瘠我慢の説」で明治政府に仕えた旧幕臣を批判し、婦人に対する男子の横暴を戒めたが、婦人に対する清潔な私生活は身をもって範を示していた。福沢書翰では、明治初年に中津藩からの「利禄」を辞退した際、独立自活すべき「理」を棄てて「禄」をとることはできないと述べたものや、明治一四年政変に際して伊藤博文と井上馨に題した詰問状、一八九一年に大槻文彦の国語辞書『言海』が完成した際、その祝賀会で自らより前に伊藤博文が祝辞を述べると知って、学者として「政治家に尾する」ことはできないと記した書翰などに詳しい解説が加えられ、福沢の著作と書翰との関係を論じながら、『学問のすゝめ』で「福沢の儒教主義や封建的旧習俗に対する宣戦は布告された」こと、「福沢は西洋文明の東道者であつた」こと、「数と理に重きを置く」人物であったこと、「官府の俸給に衣食するよりは寧ろ自ら商売を営むに若かぬことを、度々人にも説いた」ことなどが強調されている。

負傷した小泉に代わって塾長代理を務めていた高橋誠一郎は、一九四七年一月八日に潮田江次が塾長となるまで同職を務め、この月の三十一日に、第一次吉田茂内閣で文部大臣に就任した。その「独立自尊主義――就任のあいさつ」が、『文部時報』第八三七号（一九四七年二月）に掲載されている。ここで高橋は、「明治の大先覚者福沢諭吉先生が多年主張して来られた独立自尊主義が多く世の容るゝ所とならなかつたこと」が遺憾に堪えないと述べ、修身要領が発表された当時も激しい批判にさらされて葬り去られ、「遂に時代を支配する力とはなり得なかつた」と述懐する。

福沢自身、「独立自尊」の重要性を繰り返し説いていたものの、「個人の発達」の重要性が「不幸にして当時の学者思想家の十分会得する所とはならなかつた」要因として、高橋は『太陽』という当時最も流布の大であつた大総合雑誌」で「当時の哲学界における権威」である井上哲次郎が修身要領に厳しい批判を加え、「多くの共鳴者を出した」点を挙げている。井上の批判と、これに対する林毅陸の反論については第一章で述べた通りだが、井上の批判は、『太陽』の影響力と、東京帝国大学文科大学長という権威に裏打ちされており、林の反論も、井上がこだわった教育勅語との齟齬には触れることがなかった。その意味で、福沢と修身要領は癒やしがたい「傷」をつけられたまま、福沢の死を迎えるにいたっていたわけであり、そのことも、その後の東大関係者などによる福沢論が停滞した一因かもしれない。少なくとも高橋は、福沢思想が葬られた重要な契機として、井上の修身要領批判を捉えていた。

ただ、井上も天皇をめぐる発言で、その後失脚している。一九二六年(大正一五年)に刊行した『我が国体と国民道徳』(広文堂書店)で三種の神器について言及した点が「大不敬」として追及され、同書が絶版になるとともに、井上はすべての公職を辞するにいたったのである。井上の福沢批判が知識人に余波を及ぼしていたのはこの頃までと思われるが、井上自身は晩年まで福沢批判を続けており、死去前年の一九四三年に刊行された『懐旧録』(春秋社松柏館)でも、修身要領における「独立自尊主義」について、「大体は雑駁な功利主義にして稍々物質主義的のものと云へる。……真の理想主義とはいへぬ」として、「傲岸不遜」に導く可能性がある上、兵隊が将校の命令を聞かなくなるなど、「人間社会」に与える問題も多く、後に「利己的個人主義」が発達した原因だと批判している。

さて、高橋は続けて、今は日本国民は長期間の悪戦苦闘の結果、疲労困憊し、国内は無秩序に陥ろうとしており、人間社会が無知不徳の巣窟となっているとして、「福沢先生流のことば」として、「人間には善を好むの本心があり、進歩改良を行うの知識があります。われ〳〵は過去の事実に徴して、人間社会の進歩発達を疑わざるものであります」と語った。

高橋は「明治十四年の政変以後における反動政策」について回顧し、福沢は政府の儒教主義教育を中心とする「反動保守主義」に対して立ち上がり、「慶應義塾の先輩たちは勇敢に教育上の官僚主義と戦を交えて参つた」が、「軍国主義、超国家主義」の台頭を許し、敗戦後にようやく、真理の探究と人格の完成を目標とする教育政策が確立され、民主的文化的国家が創造されようとしているとして、「独立自尊主義の教育を実際に施すべき時期の到来したことを確信し」、大臣の大任を受けたと述べる。修身要領をめぐる論争や徳育論争は、かくして戦後民主主義のもとに整理され、福沢の正当性が強調されたのである。

福沢晩年の著作『女大学評論・新女大学』についてのエッセイ「福沢先生の「女大学」」(『新女苑』第一〇巻第六号、一九四六年七月)で高橋は、福沢は「婦人の道」が「専ら柔和忍辱盲従に在ることを力説して、之を封建社会の秩序に適合せしめようとした旧女大学を以つて女子教訓の弓矢槍剣論と認め、時勢の変化に連れて之れに代る可き新女大学を選定せんと努められた」と解説し、その思想は、社会的進歩と時代の変化が、自由に向かう婦人の前進によって成し遂げられ、婦人の自由の減少が社会的秩序の退廃をもたらす、という一九世紀初期のヨーロッパ社会思想家の主張と通じるものがある、と説いていた。高橋は、福沢は「婦人の熱愛者」であり、家庭内における「男子の無礼無作法粗野暴言」が婦人を傷つけ、家庭の調和を乱すことを憂い、男子にこれを戒めるのを第一とした、という。女性参政権が認められ、戦後初の衆議院議員選挙でそれがはじめて行使されたのは、この三カ月前のことである。

†検閲の実態

GHQでは、民間検閲支隊(CCD)が一九四五年九月から一九四九年十月まで検閲を行っていた。この間に刊行・放映された出版物や映画、ラジオ放送などは、いずれもCCDの検閲を通過したものである。

CCDが検閲のために収集した出版物のコレクションが現在、プランゲ文庫として知られているが、そこに含まれている『少年読売』第二巻第一号(一九四七年一月)掲載の「歴史に輝く人々(三)」で高橋は福沢について取り上げ、少年時代の福沢を描いた上で、「この少年が、後に、「封建の制度は親の敵」とさけび、西洋文明を日本に案内する主人となり、ふるい考え方をうちやぶるに努め、自分の書いた筋書で巧みに時の政治家たちをおどらせ民衆をあやつることのできた福沢諭吉先生であります」と説明を加えている。CCD雑誌部門による検閲メモには、「子どもたちにとっての日本の正しい歴史」であり、「歴史上の優秀な人格」として「福沢諭吉」が取り上げられたと記されており、CCDも福沢に理解を示していたことをうかがわせている。

ただし、検閲方針として掲げられた、連合国や「朝鮮人」への批判、「神国日本」や軍国主義、ナショナリズムの宣伝などと見做されるような箇所については、福沢や福沢に関する著作の記述が検閲官の目にとまることはあった。実際、岩波文庫版の『福翁自伝』は、福沢がロシアに止まれと誘われて警戒した箇所や、英国・ロシア関係を犬猿の仲と表現した箇所、生麦事件に際して英国を批判した箇所、中津藩から家禄を辞退した件で「この間まで丸で朝鮮人みたような奴が」と述べた箇所などが削除されて、一九四六年に出版されている。

この点について校訂者の富田正文は、「進駐軍の出版物検閲のビューローから岩波書店の担当者が呼びつけられ、『福翁自伝』のこれこれの記述は、連合国に対する誹謗であるから削除するようにとの申し渡しであった……削除した跡の見えないように適当に埋めるように、と命ぜられた」と回想している（前掲『考証　福沢諭吉』下巻）。

プランゲ文庫に含まれている検閲記録によると、福沢に関する著作でも、宇野浩二『福沢諭吉』（新生社、一九四六年）は、やはり福沢がロシアに止まるよう誘われた際に「これは気の知れない国だ」などと述べた箇所が削除されて刊行されており、「Gakufusha」（日本語名は不詳）から刊行される予定で事前検閲にかけられた『福沢諭吉』では、福沢が「英国人民の圧制」を訴えた箇所、『時事小言』で中国・朝鮮を武力で援助するとした箇所、福沢が軍備拡張を説いて日清戦争の勝利に喜んだ箇所、『帝室論』と『尊王論』で福沢が「帝室の尊厳は神聖に維持せられる」と考えたなどとする箇所、「朝鮮は腐儒の巣窟」などと福沢が述べた箇所、がかなり長文にわたって削除が命じられている。これは出版されたかどうか判然としないが、いずれにせよ、検閲が福沢論を含む言論空間に与えた影響は無視できず、本章で取り上げる福沢論の前提として、占領政策と検閲が存在していたことを理解しておく必要がある。

†慶應義塾内の福沢再評価

高橋の後輩にあたる野村兼太郎（慶應義塾大学経済学部教授）は、『三田学会雑誌』第四〇巻第七・八・九号（一九四七年七・八・九月）に「福沢先生の学問論」と題する論文を寄稿し、福沢が学問をどう解釈し、これにいかなる態度をとったのかについて論じている。学問には「学問のための学問」と「実際に役に立つといふ目的をもつ学問」とがあり、福沢は「学問の実賎性《ママ》」「実学」を重視したとして、その特徴は、「学問に一種の功利主義的意義を認めんとしたこと」にあり、学問を単に日常生活に生かすという技術的側面に止まらず、その根本にある真理を探究しようとしたという。自然科学研究を軸とする「実学」は、文明の発達という課題を結びついており、その文明は独立国家においてのみ実現可能であり、福沢の「実証主義的科学的世界観」は、享保年間以来の「合理的・実証的思想」、特に蘭学の流れを汲むものであった。

野村は、福沢が政治に対する学者の関与を嫌い、学問が政治から独立すべきだと主張した点に着目し、「今日においてもその弊はないではないが、その他金権等に対しても学者は煩はさるゝことなく、学問は左右されざることを期さなければならぬ」として、慶應義塾社中は福沢の「学問に対する大なる期待」に背いてはならない、と結んだ。アカデミックな論文ではあるが、政治によって学問が左右される時代を踏まえて、政治から独立して実証研究を進めなければならないと説いたものである。

慶應義塾大学講師の富田正文は『光』第二巻第九号（一九四六年九月）に寄せた「福沢諭吉の思想と生涯」で、幕末から明治への大変動期に「日本が最も必要としたもの」を洞察し、それを豊かに供給した人物として福沢を取り上げている。維新の「導火線」は欧米列強による極東侵略にあったとする富田は、自己の尊厳や国家に対する義務を自覚しない人民に対し、福沢が「独立の気力なき者は国を思ふこと深切ならず」と説き、「愛国の情」なくして日本人としての誇りを獲得することはできず、そのためにまず封建的身分観念を払拭しようと努めたという。

福沢の目標は、「自己の人格の尊厳を知り、日本人としての国民意識に眼覚めた国民」を育成し、「国家の独立」を全うすることにあった。自由主義や個人主義、民主主義の基盤も、「実に国家独立の基礎としての個人の独立」に求められ、そのために福沢は実学に力点を置いた、と富田は強調する。義塾にあって戦後の福沢研究を主導していく富田も、戦後の思想潮流や占領政策を踏まえながら、戦前の愛国的・国権論的福沢像を再構築していかなければならなかった。

富田は、占領改革の様々の側面から福沢を論じている。総合雑誌『世界』第七号（一九四六年七月）に掲載された「福沢先生と国語問題」では、福沢が『西洋事情』や『学問のすゝめ』といったベストセラーを刊行し得た要因として、「時事に適した主題の摑み方」において鋭敏な直覚力を有していたこと、「高邁斬新」で新時代を導く「旺盛な実行力」を持っていたこと、文体が極めて「平易通俗」であったこと、その裏に「烈々たる愛国の情熱」があったこと、を挙げ、特にこの「平易通俗」な文体について、その所以や用法、漢字削減論などを解説し、その後の文部省の国語改革が「中途半端」であったことを指摘している。アメリカから派遣された教育使節団が、ローマ字を採用する国語改革を勧告したのは、この年三月のことであった。

一九四八年六月から十二月にかけて、『新聞研究』第三・四・五号に連載された「新聞人・福沢諭吉」でも富田は、GHQ新聞課長のダニエル・C・インボデン少佐が、日本の新聞の持つべき倫理綱領に言及し、福沢の新聞編集に対する意見に学ぶべきだと述べたことに触れつつ、新聞人として福沢を紹介した。富田は、福沢が終始一貫して「歴史の発展における進歩的なもの丶味方」で、「反動的な匂い」を痛撃する態度を維持し、特に「封建思想の打破」と「民主自由の気風の奨励」が闘争目標であり、「本人の前で口にすることをはばかるような記事は、紙面にのせないことを旨とし」、社説に加えて漫言を掲載して「時に政府をフウし、風俗を冷バし、論敵をヤユするなど、筆端変幻自在」であったと評価した。その普及力と説得力は、やはり「文章の平易通俗」によるところが大きかったという。

高橋とともに、富田は子ども向けに福沢理解を促す文章も記しており、『少女クラブ』第二五巻第九号（一九四七年一〇月）に寄せた「王子の清め——福沢諭吉の生涯」では、小説風に福沢の言葉を紹介し、福沢が著書や新聞、雑誌を刊行して封建門閥思想を徹底的に攻撃し、「これからの日本を世界に恥じないりっぱな国にするには、国民一人々々がしっかりとじぶんを大切にして、だれの前へでても恥ずかしくないりっぱな人間になり、じぶんのことはじぶんでしていくばかりでなく、進んでは社会のため国家のため、人類ぜんたいの幸福のためになるような人物にならねばならぬことを、くりかえしくりかえし説きました」と解説している。福沢が、「社会の指導者」たる者は自ら世に模範を示さなければならないと説いた点も指摘されているが、富田自身、この時代における自らの社会的役割として、「平易通俗」の文体を用いた精力的な執筆活動を展開していたにちがいない。

2　慶應義塾外の福沢論

†羽仁五郎と「原則」

慶應義塾の外でも、『中央公論』第六一年第一号（一九四六年一月）に、戦前から福沢研究に取り組んできた羽仁五郎による「福沢諭吉――人と思想の研究」が掲載された。冒頭で「福沢諭吉は、民主主義者であつたか？」「福沢諭吉は、自由主義者であつたか？」「福沢諭吉は、いったい、思想家であったろうか？」との問いを掲げた羽仁は、福沢は「自主自由の文明進歩」を原則とし、「独立自尊」をモットーとし、封建主義を嫌悪し、「封建軍閥官僚」を批判し、婦人の解放と男女平等を唱え、言論集会の自由を求めた、などとして、「自主自由の原則もって彼は、幕末すでに明治維新を見とおし、そのために迫害脅迫にも屈しなかった」と評している。戦時中に小泉が福沢の国権論者的側面を強調した点にも言及し、「慶應義塾をまもるための死闘中の一戦術として、充分諒解敬意を表せられねばならな」いが、あまりにその面を強調し過ぎた嫌いがあるとして、「福沢諭吉に対する正しい評価であったろうか」と疑問を呈している。

一九三七年の講演の延長線上にあるものだが、羽仁自身、これを振り返り、「今度の戦争中、福沢諭吉また慶應義塾に対する帝国主義者の攻撃のまっただ中に、慶應義塾予科学生諸君は筆者を招いて」講演し、その後の座談会に参加した、官立高等学校志望だったという学生が「自分は、昨日まで、いな今朝まで、街頭で白線帽に会うと目を伏せたのであります。しかし、いまや、自分は福沢諭吉の原則を知り、慶應義塾生たることを光栄と感ずる。もはや自分は白線帽の前に目を伏せず、却って人民の学問の建設が自分たちにこそあるを知って猛然勉強しよう」と述べたという。第一高等学校の帽子には、二本の白線がある。

翌月の『中央公論』第六一年第二号には、この続編が掲載され、「官僚政府」に対して「民間私立」の学校、新聞、研究所、「人民自由」の言論集会結社をもって「人民を救わねばならぬ」というのが福沢の信念であったとして、一九三七年に刊行した自著『新井白石・福沢諭吉』で福沢を評価したことは「今日現代の歴史が立証した」と自賛しつつ、羽仁は、福沢がその原則において不徹底であった点を指摘する。幼児労働を認め、廃娼運動の意義に理解を示さず、小作農の解放を求めることなく、同盟罷工や小作争議にも反対した上に、「帝国主義的政策」に加担して日清戦争を支持したことなどを挙げ、羽仁は「福沢諭吉が独立自尊を原則としたことは正しかつた。……が、資本の独立自尊に止まり、それがため人民の独立自尊と対立するに至つたとき、彼は正しくなかつたのである」と批判する。

この不徹底さは、福沢が下士とはいえ士族の出身であり、その立場を脱却できなかった点に起因すると述べる羽仁は、社会主義こそが福沢の課題を乗り越える道だと結論している。福沢賛美のなかに、こうした左派からの批判がはやくも胚胎していたことは、注目すべきであろう。

一九四六年には、羽仁が自賛した『新井白石・福沢諭吉』が再版され、翌年に羽仁は、日本民主主義文化連盟から刊行した『青年にうったう』で福沢を取り上げている。福沢と慶應義塾大学出身のマルクス主義経済学者・野呂栄太郎について論じた羽仁は、「日本にとつては、福沢諭吉は日本の民主主義革命の先駆者であり、野呂栄太郎はその後の日本の民主主義革命の最も困難な時代における指導者である」と評し、現在の慶應義塾は「日本の民主主義革命の先頭」に立っているのか、むしろ「保守反動」の立場に立っているのではないか、と問い、福沢が死去した際に「真実に諭吉を追悼した唯一人の人」は社会主義者の片山潜であり、明治維新で不徹底に終わった日本の民主主義革命をいかにして実現するかを説き始めたのは野呂であったとして、革命は「労働者農民一般勤労階級の団結の力」によってのみ実現されると説いた。

†自由と民主教育の象徴

「国権論者」福沢と「立憲主義者」福沢との絶妙な接合をはかった渡辺幾治郎の福沢論も、変貌を遂げた。一九四七年に刊行された『太平洋戦争の歴史的考察』(東洋経済新報社)で渡辺は、軍による政治介入の過程を記し、一九三七年の広田弘毅内閣の総辞職をもって「我が軍部は政治上に決定権を掌握するに至つた」と評して、「福沢諭吉などは、夙にこれ等のあることを憂慮してゐたのである」と述べている。渡辺は、一八九二年に福沢が発表した『国会難局の由来』を紹介し、議会における政府と政党の対立の結果、衆議院の解散が続き、このままでは「立憲政治は中止せられ、武人の武断政治が出現するに至ることとなきを保し難し」として福沢が武断政治への警戒論を唱えたとして、その文章を引用・紹介し、「四十五年の後に、その杞憂が実現し、これを救ふこと甚だ易からずして、遂に今日の不幸となつたことは感慨に堪へない」と記した。

一九四七年に刊行された大川三郎著『自由を護った人々』（新文社）では、「自由のために叫び、闘ひ、自由のために一生を捧げて、悔ひなかつた先駆者」として、板垣退助、大隈重信、福沢諭吉、森有礼、新島襄、高橋是清、犬養毅、尾崎行雄、片山潜、幸徳秋水、大杉栄、河上肇が取り上げられているが、福沢の項では、「どんな権勢にも、いかなる威武にも、彼は、屈することを欲せず、また屈しませんでした。また功名栄徳をもしようと思へば、いくらでもできた手腕と人格をもつてゐながら、これを求めず、その志すところを歩み、毅然として独立自尊の大精神を鼓吹した大偉人であります」と称えている。大川は、「自主独立、自由平等、功利実用の思想」が福沢の特徴であり、それゆえに「彼が当時、時代の反抗者と目されたのも無理からぬことです。しかし彼の批評は全く適切なものでありました」と評した。

同年には、教育評論家の上田庄三郎が『民主教育の先駆者』（三興書林）で福沢を取り上げている。上田は、「アメリカ流の自由民主主義」に基づく教育文化が「藩閥政府の反動」

に妨げられ、第一次世界大戦後に一時復活したものの、昭和に入ると「ファッショの暴風雨」を受けて壊滅したと振り返り、この間、「ただ一つの希望」として灯り続け、今や「復活強化さるべき民主文化再建への契機」となるのが福沢だと論じる。『中央公論』に掲載された羽仁の福沢論を引用しながら、上田は、福沢の学問が「文明の学であり民主的な学問」であると強調し、「自由独立の気迫のないのが現状」であるなか、学問の担い手である学者が、「政府」ではなく「人民」の側にあるべきなのは当然で、それを終生守った福沢を称え、その思想に「民主的な学者と学問の在り方」を読み取った。上田は、『学問のすゝめ』の道を一直線に歩んでいれば、「今日、漢字制限に何年もかかつたり、軍国主義や極端な国家主義の払拭に苦心する必要もなかつた」としている。

やはり同年の七月、東京帝国大学文学部助教授の守随憲治が『国語と国文学』第二四巻第七号に「福沢諭吉観——文明開化の説」を発表した。日本で民主主義や自由主義が円滑に受容されていることを外国人が感心しているが、それは個性がなく妥協的だからではなく、「享入れるだけの十分な基底が出来上つてゐたからだといへると思ふ」と記し、その基底を「下からの力」で構築した人物として福沢を取り上げている。文明開化に向けた福沢の教育活動について、「知識教育と生活教育の背景と常に連関してゐた所に、却つて能動性を持つた」と指摘する守随は、福沢の知識教育は生活全般に影響を与え、経済や政治にも対応するものだったとして、福沢存命時に政府当局者が「真実な熱意を以て事に当つた」教育事業が、その後いかなる結果を迎えたかを問い、読者に回顧と反省を促している。

3 福沢研究の進展

†慶應義塾の福沢研究

こうした知識人の風潮に一石を投じたのが、政治学者で慶應義塾大学法学部助教授の中村菊男である。一九四九年に『日本近代化と福沢諭吉——日本憲政史上における福沢諭吉』(改造社)を上梓した中村は、「近代日本の悲劇を眼の辺り経験した人々の心の中に福沢諭吉の精神が蘇る所以を記述したい」と書き起こし、福沢ほど毀誉褒貶の甚だしかった人物は少なく、特に「軍国主義の台頭によつて福沢は国賊あつかいにされるほどの非難を蒙つた」が、「福沢の精神は敗戦という彼の全く予期しなかつた結果より蘇つて来たのである。それと共に福沢の思想に対する右からの攻撃は左からの激しい批判にとつて代られるに至つた」と当時の福沢論を評している。

中村は、階級対立という内部的矛盾を抱える現代社会の苦悩を直視し、合理的手段によってこれも解決しなければならず、そのために「個人の人格と自主性を尊重しつゝ漸進的に社会の前進体制を築いていかねばならない」と述べ、こうした姿勢が一九世紀の福沢を現代において再検討するにあたって不可欠のものとなると説いた。

福沢の生涯と思想を詳述した中村は、「民主政治の運営はいう迄もなく個人の自覚、自発的な態度、自主的な行動によるのでなければ到底不可能である」が、近代日本における「不徹底な立憲政治」は、一般国民を昔ながらの「権威に対する盲従的傾向」に繋ぎ止め、「批判的精神を欠如」させていたと指摘し、田中王堂の『福沢諭吉』の一節を引きながら、福沢が権力の偏重を戒めていた点を強調する。権力の偏重は今なお残存しているが、民主主義の復活強化の風潮はこうした傾向を「解放」させ、統治者に籠絡されていた学問は、各人の「合理的判断」に基づく「自主性の確立」に向けられつつある。だからこそ、「福沢諭吉が現代に生きる意義」がある、と中村は評した。

中村はその上で、明治政府を批判する点で徹底していた福沢に対し、その門下生による活動は「執拗さを欠く不徹底な嫌い」があったとして、「軍国主義の台頭」を許したのは、「執拗さと強烈な気迫を欠く日本自由主義の性格によるもの」であり、民主主義の「規格」が出来ても、それが土壌に根づくには「現実の不合理と徹底的に闘争する強靱な知性の練磨」が求められる、と結論している。

富田正文は『読書展望』第一巻第二号（一九四六年一一月）に寄せた「福沢諭吉の人と著作」において、日中戦争から太平洋戦争にかけて一部の論客から福沢が「恰も国賊であるかのやうに攻撃」され、逆に「終戦以来、民主々義の風潮に乗つて日本に於ける民主々義の草分けであるとして、福沢々々の叫びが喧しくなつた」ものの、「その割りにはこれといふ目ぼしい論策にも未だ接していない」と慨嘆していた。この頃になってようやく、毀誉褒貶に流されずに福沢思想の本質を見極め、それを当時における国家再建や民主化に生かしていこうとする学術的営みが、はじまろうとしていたのである。

野村兼太郎も一九四八年に刊行した『福沢諭吉の根本理念』（東洋経済新報社）で、福沢について「ある場合には自由主義の代表者といわれ、また時には拝金宗といわれ、戦時中には非国民とか、非愛国者とさえもいわれたことがある」とした上で、「福沢先生の根本的な態度はどこにあるのか」を明らかにしたいとしている。野村のみるところ、福沢が最も嫌い、憎んだのは、明治以降も残存していた「官民の階級的偏見、即ち官尊民卑の風」であり、これは今なお払拭されていないとした上で、福沢が「軍事的発展」を嫌って極力警戒していたのもかかわらず、日清戦争以降、「経済の行詰りがいつも戦争によつて打開され」、その結果「今日の如き状態に陥つた。これは結局先生のいわれる個人的独立の信念をわれわれが持つていなかつたからだと思います」と述べた。

野村は、これは他人の責任を追及するだけなく、自分自身についてもいえることであり、戦争に対して抗議せず、「無批判的な盲従行動」をとったことは批判されるべきだと述べて、「個人の独立」「独立の精神」の重要性を説いている。果たして自らは、独立自尊の精神を説く資格があるのか、どうか。知識人たちは自問しながら、福沢の思想を探究していく。

†戦後・丸山眞男の福沢論

中村や野村と似た問題意識を持ちながら、別の角度からの福沢研究に取り組んだのが、丸山眞男である。丸山は「福沢に於ける『実学』の転回——福沢諭吉の哲学研究序説」(『東洋文化研究』第三号、一九四七年三月)において、かつて田中王堂が『福沢諭吉』で「福沢に還れ」と記したことに触れ、「さうして、今次の惨憺たる敗戦によつて、日本の維新以来歩み来つたいはゆる「近代化」の道程がいかに歪曲されたものであつたかが白日の下に曝され、ひとびとが近代的自由を初歩から改めて学び取ることの必要を痛切に意識するに及んで、福沢諭吉はさきごろまでの汚名であつた自由主義者乃至個人主義的功利主義者といふ資格に於て、いままた舞台に呼び戻されようとするかの如くである」と当時の福沢論を評した。その上で、「ひとびとは、日本の社会的病理現象に対する彼の具体的な批判の適格さと華麗さに目を奪はれて、深くその批判の底に流れる思惟方法に注意を向けようとしない」と指摘して、福沢の「基礎的な思惟方法の分析」に取り組んでいる。

この論文で丸山は、福沢が「啓蒙的合理主義」と共通する「科学と理性の無限の進歩」に対して厚い信頼を寄せる一方で、現実の非合理的支配に対して「漸進主義」をもって応じた点に、「啓蒙的合理主義」者としての「不徹底」さを読み取った。社会批判においても非合理的現実との妥協的態度がみられ、それは官民調和論に示されているという。福沢の「原則」と生活との乖離を指摘した丸山は、まだその「哲学」に足を踏み入れたばかりだ、と結んでいる。

丸山は同年九月、この続編として『国家学会雑誌』第六一巻第三号に「福沢諭吉の哲学——とくにその時事批判との関連」を寄稿し、福沢の多方面にわたる著作活動の「基底に一貫して流れている思惟方法と価値意識」を探り、これが具体的な政治・経済・社会問題への態度とどう結びついているのかを検討している。『文明論之概略』を分析した丸山は、そこに価値判断の相対性、すなわち善悪などの価値判断は絶対的なものではなく、「他の物との関係に

丸山眞男

おいて比較的にのみ決定される」」、という思惟方法を読み取り、これをもとに福沢は現実的状況に対する処方箋を示していったという。

丸山はしかし、「彼は決して無方向な機会主義的立場に陥つたのではなかつた」点に注意を喚起し、真理・原則に基づいて予測し、計画する人間を育成することを「実学」の根本理念に据えたと述べる。福沢は具体的な状況に応じて流動化し、相対化するための強靱な主体的精神を備え、特定の価値基準を金科玉条として墨守する姿勢を「惑溺」として批判した。政治的絶対主義もまた価値判断の絶対主義を伴うため、政治権力者の価値判断が絶対視されることはなく、価値基準が多元化され、そこに自由が生まれ、福沢は人民に対し、自由への道を自主的に歩ませることに生涯を捧げた、と丸山は指摘している。官民調和論については、政府と民党との激化する抗争によって、両者の「極端主義」が深刻化することを懸念し、中央政府への権力の集中と政権の獲得に邁進する民権論者の姿に、「権力の偏重」を読み取った福沢が、政治権力を広範な社会分野に分散させ、多面的な価値の実現と国民精神の流動化を目指そうとする思想課題に根ざしていた、と評している。

丸山は、福沢の対外論についても関心を抱いていた。歴史学研究会編『日本社会の史的究明』（岩波書店、一九四九年）は一九四六年一〇月に東京帝国大学で開催された歴史学研究会講習会の速記録を中心にまとめられたものだが、丸山はここで「明治国家の思想」と題して講演し、明治維新以降の「二つの大きな線」として民権論と国権論の不可分性を挙げ、自由民権運動期まで「内的な聯関性」をもっていた両者が一八九二年頃から乖離しはじめ、その傾向は日清戦争によって「表面化」したと述べている。

この戦争に勝った日本は不平等条約の廃棄を公然と要求しうるようになり、「大陸に日本が進出する足場」が築かれて民権論者の態度も変化し、日本の国際的な独立の確保と植民地化の回避を希求し続けてきた福沢も、日清戦争の勝利によって「危機意識」から解放され、「ホッとした気持ち、ともかく日本の独立を確保しえたという安心感が日本の近代化は一応達成されたのだという一つの心理的な錯覚に福沢を陥れたのではないかと思う」と丸山は指摘し、福沢のみならず、多くの民権家が民権論と連携しない国権論の主唱者、帝国主義者へと転向したとして、その代表例として徳富蘇峰や山路愛山の名を、これに対する批判者として内村鑑三と幸徳秋水の言葉を示している。福沢の国際政治論の「変化」をどう評価するか、丸山はこの後も模索を続けていく。

中村は『日本近代化と福沢諭吉』の執筆に際して、富田正文の校閲を受けており、田中王堂の『福沢諭吉』とともに、丸山の論文にも言及している。丸山が田中に触れたのも既に述べた通りで、敗戦を挟んで、福沢の思想史的研究の系譜が田中から富田、そして中村や丸山といった世代へと引き継がれてきたのがわかる。

4　検閲終了後の福沢論

†福沢賞賛論の系譜

一九四九年一〇月をもってCCDによる検閲は終了したが、その後の占領期に発表された福沢論の多くも、福沢賞賛論の系譜を引き継いでいた。

慶應義塾に学んだジャーナリスト・野依秀市は一九五〇年八月の『世界仏教』第五巻第八号に「堅忍と進取のありかた――福沢先生の修身要領（六）」と題する原稿を寄せ、人間は「敢為活発、堅忍不屈の精神」をもっていれば、どんな状況にも対応できるが、国家や社会、隣人について考えず、自分のことだけに関心を寄せるのには「余り感心しない」として、「独立自尊」は「自分を尊いものとするからには、他の存在も又尊いものと認めなければならない」とするのが福沢の主張である、と解説する。野依は「独立自尊主義」の重要性を強調し、人は「取進確守の勇気」を欠いてはならず、他人から催促されることなく、自ら職務や仕事に取り組み、他者の利益を傷付けず、その結果得た成果を守るために油断なく勤勉努力を続けねばならない、と説く。野依は浄土真宗に帰依したことから、ここでも仏教誌で福沢論を展開している。

戦前に福沢を国権皇張論者として強調した小林澄兄は、一九五〇年に『福沢諭吉と新教育』（大英出版社）を出版し、福沢の著作のなかから「先生の民主主義的思想と新教育思想とを摘出し、これを評論すると共に、先生の愛国的民主主義者たる所以を明かに」しようと試みている。福沢のいうところに従い、「民主主義の思想訓練」が施されていれば、「過激な国家主義も軍国主義もが勢力を張ることなく、かくも敗戦の苦汁を嘗めさせられることなくして、事は済んだのではないか」とする小林は、民主主義とは個人の自由、独立、平等、尊厳を要求し、個性の発展と人格の確立を要請し、個人間で社会的連帯責任を負い、相互協力を約束する主義・精神・実践であり、その意味で福沢は「日本の過去における最も強力な、最も代表的な民主主義者であつた」としている。福沢は早い段階から男女平等を説き、封建制度を批判し、自由独立の精神を主張し、一国としても「国権の確立皇張を図り、独立国としての体面と実力とを具備すべきことを希求した」として、「民主主義と愛国心との両立」を当然とした点が強調された。

教育論としては『徳育如何』や『女大学評論・新女大学』などに注目する小林は、そこに濃厚な「民主主義思想」を読み取り、『明治十年丁丑公論・瘠我慢の説』には「愛国的民主主義思想」が表白されているとしている。戦前の福沢評価と戦後の福沢評価のバランスをとろうと腐心した形跡がみてとれよう。

　富田正文も『理想』第二五巻第六号（一九五一年七月）に「福沢諭吉」を寄せ、幕末の欧米体験を通して列強の脅威の前で「日本の運命」が危機にさらされていることを感じ取った福沢は、「いかにすれば日本独立の灯を消さずに済ますことが出来るか。いかにすれば国運維持の命脈を絶たずに、しかもその命脈を維持するだけでなく、更にこれを発展せしめて、欧米先進の諸国と肩を並べて遜色を見ないだけに発展せしめ得るか」を出発点とし、「人民独立の気力」こそが「文明の精神」であり、これを身につけるには個性の確立と自然科学の発達が必要であるとして、実学の重要性を訴えたという。「人民独立の気力」を次世代の青年に吹き込むべく、慶應義塾での教育に力を入れ、著述活動を通して広く一般大衆に訴えた福沢の期待は、「明治の時代に於て或る程度、満足すべき結果を得た」が、「今日改めてこの明治の思想的巨人の踏んだ足跡を顧みることは、単なる回顧趣味にとどまるものでなく、我々の行動の規範の中に何ものかを附け加えるものがあることを信ずる」と富田は結んだ。日本の独立を前に、懐古趣味に陥らないよう戒めつつ、自らの福沢論を再編成し、福沢に学ぼうとする姿勢が読み取れる。

　川邊眞蔵の『報道の先駆者福沢諭吉』に序文を寄せていた高石眞五郎は、一九五〇年に刊行した『福沢諭吉』（社会教育協会）で、序論のタイトルを「時代の先駆者」とし、幕末維新期に「新日本の建設」にあたった福沢は、長く古い習慣を打破しながら、新しい考え方を植え付ける必要があり、「その複雑と困難は、進駐軍の使つているブルトーゼで何もかも平らにして、その上に新しい建設をやるのとは違う。福沢先生はこの二つの仕事をやつた」と評している。「敗戦後、われわれは民主主義と云い、人間の自由といつて、箇《ママ》人の尊厳を維持することを教えられている。また大に学ぼうとしている。この一事だけを挙げても、先生は、民主主義の名の下に、いまわが国民が教えられていることと同じことを、早く既に説いていたのだ」と高石は力説し、福沢の『帝室論』や『尊王論』は戦後の象徴天皇制を先取りしたものだったと捉えて、それ故に戦前は激しい批判を受け、終戦後までほとんど公刊されなかったと述べている。高石も「先生はまた国権論者であつた」ことにも言及している。検閲が終わって日本の独立も視野に入りはじめ、福沢論にも揺り戻しが起きつつあった。

文部大臣を辞した慶應義塾大学名誉教授の高橋誠一郎は「最晩年の福沢先生」（『中央公論』第六五年第七号、一九五〇年七月）で、「福沢先生は、今もなお、慶應義塾に生きている」と述べ、その晩年の様子を回顧しながら、「天稟の啓蒙思想家」であった福沢は、合理主義に基づき、人間世界のあらゆる現象を物理学のなかに包羅し、「光明遍照、一目瞭然たらしめようと期していた」として、「幽玄神秘な思弁」よりも「平易明快な人文」の普及と発達を企図し、理性によって価値判断しようと試み、物理学の完成こそが「人間絶対の美」に進む道だと考えていた、と評している。この点は、一九四四年に刊行した『福沢諭吉』（実業之日本社）の末尾でも指摘していたことだが、戦後になって改めて、高橋のなかに科学的思考の重要性を説きたい意欲があったことが察せられる。

†左派からの援護射撃

福沢の学問観については、マルクス主義経済学者の大内兵衛《おおうちひょうえ》が総合雑誌『日本評論』第二五巻四号（一九五〇年四月）で「学問と思想の自由のために——福沢諭吉によせて」を論じた。一九五〇年二月の、日本学術会議における講演の原稿である。大内は、福沢を「新しい学問の父」と位置付け、真理によって自己の人格を形成し、他者の人格を尊重することを「独立自尊」として唱え、学問を社会的に実践するために慶應義塾や時事新報などを設立したことを評価する。学問・思想の自由に対してはしばしば圧迫があり、それに対する戦いがあり、「最近代における反真理的な不合理主義による思想の弾圧はファッシズムの形をとった」として、ドイツではヒトラーが、日本では東条英機がそれを担ったが、結局は長い歴史の中で、「学問の真理は破壊されない。……歴史においては、科学と共にあるものは遂には勝つ。人民のためにするものが勝つ」と大内は説く。

日本国憲法第九条を踏まえて、「原子力時代」では、科学とヒューマニティーを基礎として自由と平和を重んじ、権力者が科学をもって多数の人類を奴隷化するのを防がなければならない、と大内は強調している。戦前に森戸事件と人民戦線事件で二度東京帝大を追われ、戦後に東大に復帰、この年六月に法政大学総長に就任することになる大内自身の苦い体験と、そのイデオロギー、平和主義に裏打ちされた講演であった。

戦前から福沢研究に取り組んでいた田畑忍も、三田史学会の『史学』第二四巻第二・三号（一九五〇年）に寄せた「福沢先生の革命及び戦争観」で、自らが戦前に展開した福沢論を憲法第九条に回収する議論を展開している。田畑はまず、福沢の文明論の特色は西洋文明を移植して個人としての「独立自尊」をはかり、日本を「富国強兵」して「国家的独立」を達成しようとしたところにあり、その主張は「国家主義的乃至憂国の情」に基礎付けられた「律義的な合理主義乃至主知主義」に依っているという。他方、革命や内乱に対しては終始消極的かつ否定的で、「法治主義又は法律尊重主義又は合法主義」の立場をとってフランス流の革命を退け、英米流の漸進主義を主張し、これを実践した。それが、上野戦争の最中にウェーランド経済書の講述を続け、西南戦争に際しても西郷隆盛の武力による抗争を批判し、政府に対して西郷に対する裁判を開くよう求めることにつながった、と田畑は指摘する。

その福沢が戦争、特に日清戦争を是認・支持したのは、「愛国そして国権の発揚というイルラショナリズム」を有していたからであり、それが国家の独立、国権の拡張という目的に沿うものであったからだと田畑はいう。このあたりは戦前の福沢論の延長にあるが、「日露戦争が世界戦争を惹き起し、かくして日本の軍艦の悉くが太平洋の海底に撃沈されてしまい、日本が大敗して武装放棄国家となるなどと言うことは、先生の思いも及ばないこと」であり、福沢は内村鑑三のような「預言者」ではなかった、と語るとき、田畑はたしかに一九五〇年の田畑であった。福沢は「ウルトラ・ナショナリスト」ではなく、「合理主義者」「民主主義者」、かつ「国家主義国権主義」論者であり、「国法が戦争を禁止するならば、福沢先生も一変して非戦争論者となり、平和主義者となるにちがいない」と田畑は福沢に理想を託している。田畑は当時同志社大学法学部の再建に努めており、この後、護憲派の憲法学者として活躍していく。

5 福沢批判者たち

羽仁五郎の福沢論に見出された福沢批判の萌芽は、この頃から、本格的に花を咲かせつつあった。

東京教育大学文学部教授の家永三郎は、日本歴史学会の『日本歴史』第二三号(一九五〇年四月)に「福沢諭吉」と題する短文を寄せ、「日本に於ける近代的精神の最も典型的なあらはれを求めるならば、何人もためらふことなく先づ指を屈するのは、福沢諭吉である」と書き起こす。福沢の生涯は「封建思想との闘争」のために捧げられた、と評する家永は、そのために福沢は権力や制度ではなく、言論と教育を用いたが、「福沢如何に偉大なりといへども、彼も亦結局時代の児であり、歴史的制約を免れるものではなかつた」と指摘する。

福沢思想における「歴史的制約」とは何か。家永は、福沢の思想は「典型的な資本主義的精神」に裏打ちされており、このために「露骨に資本家階級を支持し無産階級を敵視」することになったとして、福沢は資本主義経済の発達を絶対的に認め、貧富の対立をやむを得ないものとし、富豪を維持することを主張し続け、宗教もまた、「資本家階級保護のための防塁に利用しようと考へていた」とする。福沢は「現世的幸福の量的向上を人生の最高価値と仰ぐ内的世界観から一歩もふみ出すことができなかつた」として、その思想を乗り越えるべく、社会主義と内村鑑三などによる「反近代主義」思想が登場した、と家永は述べている。

家永はこの年に刊行した『近代精神とその限界』(角川新書)において「福沢諭吉の階級意識」と題する一章を設け、「近代精神の骨髄を、福沢ほど適確に、或は包括的に体得した思想家は他に求めることができないであらう」と述べつつ、「福沢は何といつても十九世紀的思想家であることを免れなかつた」と指摘している。福沢はたしかに「封建的なるもの」と戦い、日本の「近代化」を目指したが、その「近代化」とは「資本主義化」、すなわち資本家の指導する日本を築き上げることにほかならず、「無限界の自由平等の社会を樹立しようとするものではなかつた」。このため福沢は、有産階級を議会に進出させて、「ブルジョアデモクラシー」を実現しようと考え、その国民国家の独立発展の要望は国権論と密接に結びついていた、と家永はいう。資本家を支持する福沢は、無産階級を蔑視、あるいは敵視し、無産階級は有産階級による余剰物資の恵与によって生存を許されたに過ぎなかった。

福沢がなぜ無産階級に理解を示さなかったのかを問う家永は、「それは彼の思想の本質をなす功利主義乃至実用主義の論理と不可分の関係をもつのではなからうか」として、国民国家の独立と、そのための経済的富強と資本の集中、という相関関係のなかで、労働者より有益な存在として資本家が位置付けられたのではないか、との持論を展開し、福沢に対して「興味ある対照者」として、やはり内村鑑三の名を挙げている。

†遠山茂樹の登場

戦後歴史学において、福沢研究、そして福沢批判の代表的研究者となる歴史学者の遠山茂樹も、この頃から本格的に福沢を論じはじめている。

一九五一年一〇月、『教育技術』第六巻第八号に「福沢諭吉の独立自尊」を寄せた遠山は、冒頭で「歴史上の人物を現代的関心からとりあげる場合……往々にして誤りをおかしやすい」として、自分の現代的関心にとって都合のよい一面のみを強調し、無条件に持ち上げる傾向があり、「福沢諭吉の場合でも、戦時中は国権論者（国家主義者）としての福沢が説かれ、戦後には、完全無欠な民主主義者であるかのように、礼賛の辞が捧げられる。これは歴史の勝手な利用であり、不遜な冒瀆である」と指摘する。遠山もまた、いかなる人物も「歴史の限界内」にあり、福沢も例外ではないとして、福沢が置かれた歴史的条件を具体的に考慮し、その闘争や挫折を内面的に理解して批判する必要を説いた。「福沢の思想と行動の基調」は、国権の伸張、国家・国民の対外的独立にあり、そのために「人民の自主自由の精神」を説き、「独立の気象」を強調し、その最大の歴史的貢献は「文明の達成、政治的自由の基礎にある、近代的な人間類型、近代的な精神類型の存在を指摘した点にある」と遠山は述べる。問題は、一八八二年以降の福沢であった。自由民権運動の高揚と「人民解放運動の前進」に直面して福沢はたじろいで後退し、日清戦争を支持することで、その「独立自尊の主張は権力を争う革命運動に背を向けて、家業大事を唱える町人精神にと転化していった」と遠山は批判する。東京帝大史料編纂所に勤務しつつ戦時期を過ごした遠山は、同時代の福沢論に違和感を感じながら、自らの福沢論を構築してきたのであろう。

遠山の福沢に対する視線は、厳しくも温かい。すでに一九五一年二月の『世界』第六二号に掲載していた「日本国民抵抗の精神――福沢諭吉五十年祭に寄せて」では、福沢が『明治十年丁丑公論』で論じた「日本国民抵抗の精神の血脈」を「何という激しくも美しい言葉であろうか」と賞賛し、福沢はその生涯を「在野精神確立」のために捧げたと評している。福沢ほど官僚主義を激しく批判した人物はいないとして、独立自尊主義を貫いた平民の精神に着目する遠山は、官民調和論の根底にも「人民の主体的立場、すなわち在野精神確立の願い」があったと理解を示し、「今日学界で最も勝れた福沢研究家とされている羽仁五郎氏」が福沢を「原則ある根本的体系的思想家」とし、丸山眞男も「独創的な、原理原則ある哲学をもつ思想家」として評価しているとした上で、福沢は自らの原理原則に基づきながら、「時流」に対してその反対方向へ立ち回る「たくましい批判精神」を示したと論じた。

この福沢が歴史的に果たした役割を大きく変貌させた契機が、自由民権運動の高揚である。福沢は民権運動過激派に理解を示さなかったが、彼等による「前衛の闘争」があってはじめて、「漸進主義の自己のもち分を果たしえたのではなかつたか」と遠山は問う。「前衛の嚮導」から離れ、人民からの信頼を失うとき、福沢は「後退」せざるを得ない。福沢はこの「後退」を正当化するために朝鮮問題を持ち出し、「国権」は「民権」を抑え込むための手段となり、「福沢特有の思想構造の生命が死滅し」、対外的平等・自衛論は「対外侵略」へと変転した。遠山は、日清戦争の勝利に歓喜する福沢を「痛ましい混乱の姿」と表現し、その「きびしい在野精神」と「はげしい抵抗精神」は今日強く要請されている、と結んでいる。

遠山は一九四八年三月に歴史学研究会発行の『歴史学研究』第一三二号に掲載した書評論文「四つの福沢諭吉論――丸山眞男氏の業績を中心として」において、羽仁や丸山などの福沢論を検討しており、羽仁の福沢論は「いかなる問題にも自主自由の原則を持し、人民の立場に立ち得た点にその論拠を求め、いわば福沢の全思想の根底にある封建専制にたいする自由平等の主張の検出に力を注」ぎつつ、福沢が士族の出身者として人民の立場に徹しきれなかったところに「不徹底」を見出したとして、福沢の「思想の死せるものと生けるもの、その歴史的意義と現代的意義のまぎれなき識別の要はまことに然り」と受け止めていた。

丸山の福沢論については、「福沢の独立自尊の精神を基礎づける思惟方法に、彼の生涯を通じて一貫した独自的なものを認めうることを強調」し、「価値判断の相対性の主張」は福沢思想を捉える上で「その言説にあらわれる幾多の一見奇怪な矛盾をも容易に理解することができる」もので、「挫折不徹底の面をも、独立自尊主義の根底たる思惟方法の中に統一的に理解せねばならぬとする丸山氏の見解につかねばならない」と遠山は論じている。こうした羽仁や丸山の受容、特に前者の影響を濃厚に受けて、遠山は自らの福沢論を構築していったのである。

†『福沢諭吉選集』の刊行

一九五一年から翌年にかけて、福沢諭吉著作編纂会が『福沢諭吉選集』全八巻（岩波書店）を刊行した。各巻には解題が付されているが、『通俗民権論』『通俗国権論』『国会論』『時事小言』などを収めた第四巻に解題を書いたのは、丸山眞男である。丸山は、福沢の「内政論」には、政治権力の機能を限定し、限定された範囲内で権力を集約化するという「二つの旋律」が貫流しており、その論理に矛盾も混乱もみられないとした上で、人権の確立に基づいた人民の多元的な自発的活動と政権の確立による一元的指導性を志向し、両者が拮抗し並行を保って共存させるところに特徴を読み取り、ここに「国権の進歩発展の最奥の源泉」があるとしている。この立場から明治政府と自由民権に対した福沢の態度が論じられ、立憲制と議会制、責任内閣制が「論理的なコロラリー」となり、政党政治を希求した点が強調される（傍点原文）。

一方、「国際政治の場合には、立論の変化は必ずしも具体的状況に対する処方箋の変化にとどまらずにヨリ深く近くの論理自体にまで及んでいる」と丸山は述べ、当初は「啓蒙的自然法」に基づく国家平等観を抱いていた福沢は、ヨーロッパ帝国主義の台頭を受けて「露骨なマイト・イズ・ライト」を唱えるようになり、それはマキアヴェリズムを随伴したという。福沢が個人に「露骨な立身出世手段」を唱えたのは「偽悪的なシニシズム」だが、それが国際関係の観察に拡大されると、冗談は真剣な政治的考慮の問題へと展開した。福沢において、「国家行動」と「自然法的価値基準」との緊張関係は見失われなかったとする丸山は、もし福沢が満洲事変以後に日本に氾濫した「帝国主義の道徳的粉飾のための美辞麗句に接したならば、おそらく嘔吐を催したであろう」として、国権論的福沢論からは距離を取っているが、福沢とてマキアヴェリズムに「内在する陥穽」から免れることはできず、中国・朝鮮に対する武力による「近代化」の押し売り、列強による中国分割への割り込みへの要求に変貌していった、としている（傍点原文）。

丸山は一九五〇年四月に大阪慶應倶楽部で「近代的ナショナリストとしての福沢先生」と題して講演しており、福沢ほど「日本の国家的独立という命題に自覚的に終始した思想家はなかったといわれている」とした上で、福沢はヨーロッパ列強の脅威から東洋を守るため、東洋世界における古い秩序を打破し、新しい原理を受け入れようと考え、「国内の封建的な抑圧の打破」と「国際的な隷従関係の打破」を一本の線で結んで、ナショナリズムと国民主義、個人主義を接続したと述べている。福沢が個人の平等と国家の平等を説き、道理による国家間支配を説いただけならば、「啓蒙的思想風」を出なかったが、『文明論之概略』でここから一歩抜けだし、「明白に国家理性の独自性、国家の政治的実践の決定という問題」に着目して、以後、「国際関係論、国際関係における権力政治的モメント」を強調していった。

福沢は東洋人による東洋世界の近代化を不可避と捉えて、排外主義をとる満清政府を打倒する必要性を認識し、中国・朝鮮に「非常に強硬論」をとったが、日本だけでなく東洋諸国の「近代的改革」を実現して、連帯してヨーロッパ帝国主義勢力に対抗しようとした点で、「後の日本帝国主義的超ナショナリズムと違う」と丸山は強調している。丸山は、福沢は国内の近代化を放棄することなく、官民調和と民権伸張を軍備拡充、国権伸張とあわせて主張し、「しばしば国際関係において行過ぎる言辞を弄した」ものの、後に東亜新秩序に移行した時代とは異なる、とも述べた（丸山眞男著／東京女子大学丸山眞男文庫編『丸山眞男集』別集第二巻、岩波書店、二〇一五年）。このあたりの認識が、選集の解説に反映されているのであろう。

『福翁百話』『福翁百余話』『明治十年丁丑公論』『瘠我慢の説』を収録した第七巻の解題は、家永三郎が担当している。家永は、福沢晩年の著作である『福翁百話』『福翁百余話』の論点として、封建的家族道徳を批判して近代的家族道徳を確立しようとしたこと、人間社会が無限に進歩することを確信し、そのための現代人の努力を説く思想、そして宗教的世界観を挙げ、これらは国民に広く読まれたものの、「既に青年層の知識人は福沢に対し全く魅力を感じなくなつて」おり、「もはやその啓蒙的使命は一応終つてゐた」としている。『明治十年丁丑公論』については、「政府の専制権力強化に反対し、西郷を民権派側に引き寄せる強弁を敢てしてまでその弁護を試みてゐる」点に注意を喚起しているが、福沢はあくまで「無産階級と対立する立場」をとっており、その範囲内での「半官権思想・在野精神の表現にとゞまることを銘記せねばならない」としている。『瘠我慢の説』も「官権万能思想に対する間接射撃」であったとしつつ、福沢がこれを書いた動機として、勝海舟を嫌悪する個人的感情や、旧幕臣としての「佐幕的心情の残滓」があったと評した。

慶應義塾関係者をはじめとした福沢礼賛論と、田中王堂の系譜を引く中村菊男や丸山眞男などの思想史的・哲学的な福沢研究、そして、イデオロギー色を濃厚に反映した家永三郎や遠山茂樹などの福沢批判、と戦後の福沢論をめぐる基本的な構造が形成されつつあった。

第五章

「脱亜論」の主唱者として
――戦後歴史学からの批判

『改造』1953年3月号表紙(田畑忍「明治の平和主義者」掲載)

1　占領の余韻の中で——一九五〇年代の慶應義塾関係者たち

†語り継がれる福沢

一九五二年（昭和二七年）四月二十八日、サンフランシスコ講和条約が発効し、日本は独立を回復した。

慶應義塾側で福沢を語り続けた一人は、高橋誠一郎である。福沢没後五〇年を経て、直接福沢その人を知る世代は少なくなってきている。『新政界』第二巻第二号に「福沢先生の政治精神批判——先生の朝の散歩」（一九五六年二月）を寄せた高橋は、少年時代に福沢の散歩の供をした思い出を語りつつ、「先生は厳正な批判的精神の所有者」であったとして、西洋の合理主義的精神に目覚め、一切の「外的権威」を拒否し、科学的理性によって事物の価値を判断しようとしたと評する。経済面でも、「封建的拘束」から脱して産業と商業を発展させるべく、「自由主義経済学説」を紹介し、国内の対立を緩和して国民的利害と関心を統一・融合し、「国家的富強繁栄」をはかろうとした、という。東洋に「一新文明国家」を建設しようとした福沢は、晩年まで確かな精神力を維持したとして、これまでの自らの福沢論の系譜を引き継いでいる。

『社会教育』第一四巻第二号(一九五九年二月)に掲載した「独立自尊の人間教育――福沢諭吉先生の社会経済思想」でも、高橋は少年時代に福沢家に出入りしていたと回顧し、福沢は明治国家建設期に「あえてその立場を固定させることなく、情勢の変化と推移に従って、官民を指導し、正しい進路をとって進ましむることに努めた」と論じた。ここでも高橋は、福沢が後進国としての日本の実情に基づいた経済政策として、先進国との競争を防止し、「国民的富強」を実現しようとしたと説き、資本主義化に伴う貧富の格差についても、少数の富豪が富を蓄積することを批判したとしている。社会的病患の根源は人の心内に存しており、真の社会理想を実現するには、「独立自尊」の人を造り上げなければならず、それは「人間社会が円満幸福の境地に達する」ための訓練だと福沢は信じていた、と高橋は結んでいる。文部大臣として「独立自尊主義」を高唱した姿勢を、濃厚に維持していた。

小泉信三も、福沢を語り続けた。一九四九年、東宮御教育常時参与として明仁皇太子の教育責任者となった小泉は、『週刊新潮』第一巻第一四号(一九五六年五月一五日)に「読者への手紙」を寄せて皇太子教育の様子を伝えているが、「先日は御一緒に福沢諭吉の帝室論及び尊王論を七八回かかって読み了えました。帝室論は帝国憲法もまだできなかった、明治十五年のものですが、天皇の職分については、大体現行憲法と同じ精神のことを説いています。要旨は前にお話ししたことがありますけれども、今度は原典を御一緒に読み了えました」と、皇太子と『帝室論』『尊王論』を読んだことを明かして、その日本国憲法における象徴天皇制との共通点を感じ取っている。『文藝春秋』第三七巻第一号（一九五九年一月）の「この頃の皇太子殿下」と題するエッセイでも、「御一緒に読んだ本のことをいえば、福沢の「帝室論」と露伴の「運命」とは、殿下と私とで、交る交る音読した。……今更のように感じたのは、この二大文豪の文章が、いかに格調正しく、いかに音読に適しているかということである」と語っている（小泉信三『小泉信三全集』第一六巻、文藝春秋、一九六七年）。

小泉はこの間の一九五七年一一月二三日、NHK第一放送で「福沢先生がいまおられたら」と題して語り、福沢が常に志したのは「中道」であり、世間が右に傾き過ぎると左に、左に傾き過ぎると右に引き戻すことを考え、その言説の一部のみを取り上げると極論のように思われるが、実際は「適度の中道」を目指していたとする。民権論者でありながら、民権論が日本全国に広がると、国権論の重要性を強調し、日清戦争を支持しながら、戦後には国民の戦争熱を心配したのも、その例であり、小泉は日清戦争後に門下生の日原昌造に宛てて「国民が戦争に熱中して始末に困る」ことや共産主義、共和主義の台頭に対する懸念を示した書簡を紹介している。福沢は、社会の進歩それ自体を否定したのではなく、あくまで「軽率過激の急進論」を排し、「秩序ある進歩」を追求したという。「秩序ある進歩」は、共産主義批判のなかで、小泉自身が自らのモットーとして掲げていた理念であった（小泉信三『小泉信三全集』第一〇巻、文藝春秋、一九六七年）。

†『福沢諭吉全集』の刊行

慶應義塾では、一九五八年から一九六四年にかけて、『福沢諭吉全集』全二一巻を岩波書店から刊行し、富田正文が編纂の中心となった。福沢が記したものを、著書や書簡から手元の覚書、翻訳、会計記録などにいたるまで、徹底的に渉猟して構成したもので、のちに別巻を加えた再版が刊行され、現在も福沢研究の基本資料となっている。監修にあたった小泉は富田について、「往年石河幹明の福沢伝編纂を輔けて功績があり、石河はこれを多として特に例言中にその氏名を挙げてこれを称したのであったが、爾来年を遂うてその福沢文書に対する造詣を深くし、何時となく自然に人々より福沢資料探討報道の中心者と目されるようになっていたのである」と評している（小泉信三「『福沢諭吉全集』監修者のことば」小泉信三『小泉信三全集』第二一巻、文藝春秋、一九六八年）。

富田はこうした学術的な資料を広く提供するとともに、これまでみてきたような福沢論をさまざまな媒体で提供し、子ども向けの発信も続けた。一九五八年には麦書房から『福沢諭吉ものがたり』と題して『福翁自伝』の現代語抄訳を文庫化しているが、冒頭には「日本の文明開化のせんとうをきった人として、有名なひとです。……まだ、がくもんも、文化もあまりすすんでいなかったとき、一人で、新しいことをべんきょうするのが、どんなにたいへんかも、いきいきと、かきだされています」との解説を付している。

中村菊男も『日本近代化と福沢諭吉』を「徹底的に改訂」して一九五三年に『近代日本と福沢諭吉』（泉文堂）を刊行した。冒頭で中村は、「福沢諭吉の希求したのは日本を始めとする東亜諸国の独立であり、その近代化であった。内に対しては封建思想を攻撃し、絶対主義を批判し、そのナシ崩し的解体を促進し、外に対しては国家の独立を叫んだ福沢の意図は果たして成功したであろうか」と問う。

「解答は否である。そこに福沢諭吉の歴史的地位に関する限界点があつた訳である」とする中村は、その「限界」とは、日本が日清・日露戦争を経て東アジア諸国に対する「外」と「上」からの「抑圧者」となり、東アジアへの「武力的進出」は現地の人びとの反感を買い、敗戦の苦渋を味わうにいたった点にあるとしている。福沢思想の「本質」は、「国の独立」と、それを阻害している不平等条約に基づく内政干渉に対する強い警戒心にあり、条約改正によって福沢は安堵したものの、それは「一種の錯覚」であり、「自由民権の確立という年来の要求よりも国民的独立の達成という意識が先立って」いたために、自由主義が絶対主義との闘争において「不徹底」に終わった。中村は、マルクス主義に基づく明治研究が、こうした「外からの」圧力を過小評価している点に注意を促して、本書を締めくくっている。

中村は戦後第一回の衆議院議員選挙に立候補して落選しており、この後も民主社会主義の立場から、民主社会党のブレーンとして活躍していく。政治体験や政治的実践が、その学問形成にも影響を与え、伊藤博文や星亨などについても著書を刊行しているが、欧米の方法論を日本に適用することを好まず、日本独自の行動と思考様式に着目するスタンスをとった。福沢研究にも、そうした一面があらわれている。

2 賞賛、批判、実証——一九五〇年代の知識人たち

†継承される賞賛

これまでの福沢論を牽引してきた論者たちも、福沢論を継続的に発表している。例えば田畑忍は、『改造』第三四巻第三号(一九五三年三月)に寄せた「明治の平和主義者——日

本文化史における新島襄と福沢諭吉」において、新島と福沢を比較し、「ともに偉大なるリベラリストであり、平民主義の使徒でありました。従つて、何人に対しても親切丁寧平等で、しかも権力に対しては、あくまでも強く抵抗し、決してこれに屈しませんでした」と評している。新島の後継者たちは日本国民の多くを教化することができず、「日本の軍国主義的滅亡」を防げなかったが、その遺風は同志社大学と日本に残っていると田畑は説き、新島や安部磯雄、内村鑑三の平和思想は憲法第九条に具現化されていると強調している。田畑はこの時点で同志社大学学長であった。

渡辺幾治郎も『大隈研究』第六輯（一九五五年三月）に「大隈重信と福沢諭吉（一）―その交友と思想的つながり」と題する論文を掲げ、大隈と福沢は「近代日本の建設者」として協力・結合し、その才能を発揮させたとした上で、両者の関係性や比較を試みている。両者は「朝廷顕官」「在野批評家」と立場を異にしたが、大隈は福沢に「処世活動の秘訣」を見出し、福沢は大隈に「秘訣の具体化」をみたとする渡辺は、福沢は人間世界に絶対の美はなく、自ら最善と信じることを行うほかないと説き、大隈もまた、現実政治は「世界の大勢」に従う以外ないと主張し、「その語は異なると雖もその意は同一である」とした。両者は英米をモデルとした憲政思想を説き、天賦人権論に基づく急進主義や天皇主権を強調するドイツ主義を排し、漸進主義と国民の調和をはかった点でも共通している。

福沢は「国権に対して熱烈な皇張論者意見」を持ち、単なる「西洋心酔の自由主義者」ではなかった点にも渡辺は注意を促し、両者ともに「学問の自由と独立」を説き、「二大私学の今日を思うもの、その因つて来る両人の努力辛艱に深き思を致さねばならない」と結論している。占領期ほど明白ではないが、福沢から時事的教訓を得ようとする姿勢は継続しており、これまでの福沢論を総括する論文でもあった。

一九五七年の福沢先生誕生記念会では、東京大学法学部教授で政治学者の岡義武が「福沢先生とその国際政治論」と題して講演している。幕末維新期の福沢が「民族の独立に対する危機感」を深刻に抱いていたとする岡は、福沢が「自然法的な国際政治観、楽観的な国際主義に立脚して」いたという学説に疑問を呈した。福沢は国際政治を力と力の関係を本質とするパワーポリティクスと捉えており、「西洋帝国主義」の支配が中国に及ぶことを恐れ、中国や韓国がこれに対抗することを支え、そのために武力をもってしてでも文明開化を促進させるべきだと説いて、日本の軍備拡張を説いた、と岡は説明している。日清戦争での勝利によって西洋から脅威と見做されるようになった日本において、福沢は排外主義的風潮が広まることを懸念しつつ、海軍力の拡張を唱えた。

岡は、福沢の国内政治論と国際政治論とが矛盾するという見解に異を唱え、国際政治をパワーポリティクスの論理で理解しつつ、それを「病人の世界」と捉えて、「思想の幅」

を広げる必要を説いた『福翁百余話』の一節を引いて、「合理主義者としての先生の歎きと寂寥感とが籠められているのではないか、と問題提起している（『三田評論』第五七三号、一九五七年九月）。

†左派からの攻撃

他方で、福沢に対する批判の声も高まり、福沢のマイナス・イメージも加速している。マルクス主義歴史学者で法政大学社会学部教授の服部之総《しそう》は、『改造』第三四巻第一五号（一九五三年一二月）に「絶対主義と福沢諭吉」を寄せ、「福沢研究のかんどころ」として「福沢惚れ」では「福沢の真実」に到達できないと述べ、「福沢は研究されねばならぬ。なぜなら彼くらい敗戦後の「民主主義」時代に、不当に――もしくはあまりにも「民主主義」調で――宣伝された古人はなかつた」として、それを「過大評価」とする自らの福沢論を展開した。

ターゲットにされたのは、『福沢諭吉選集』第四巻の丸山眞男による解題である。福沢の内政論が初期と後期で変化しなかったとする丸山に対し、服部は、福沢は後期において保守的な「党派性」を帯びたと指摘し、福沢を「典型的な市民的自由主義者」と捉える理解に異を唱えて、むしろ「絶対主義思想家」であったと批判する。服部は、「明治絶対主義の危機にさいして福沢は、政府のための籠絡政略」を書き下ろしたとして、その『国会論』を位置付け、「福沢諭吉の節操と人格は、彼の思想体系と全行動がけつして民主主義的ではなく……いわんや純粋な英米流の新興資本主義のイデオローグでも、典型的市民的自由主義でもなく、ただ終始一貫して絶対主義にぞくしていた」と結論する。

同じく一九五三年に刊行された『現代史講座』第三巻（創文社）に収録された「文明開化」でも服部は、「絶対主義明治政権の原則支持、これに対立する基本階級たる半封建的農民とそこから溢出しているプロレタリアートの運命についての徹底的非情、これが福沢大系の生涯を通じての性格であった」と強調し、「脱亜論」などを挙げて、福沢は「文明開化」の名の下に「アジアの隣人の討伐をジャスティファイ」したと追及した。かつて服部は、『歴史科学』第三巻第一三号（一九三四年一二月）に掲載した「福沢諭吉前史」において、権利や生命、財産を重視した福沢の「エレメント」が、政治に関心のなかった「前史時代」に「素朴」に主張されたことを評価しつつ、「後史時代」になってこれが「拙劣」かつ「切実」に変形していった点について、研究の余地があると示唆していた。これらの成果は占領期を経て、自身の福沢研究を進展させたものである。

福沢批判も、学問の進展とともに専門分化していく。歴史学者の山田昭次は、立教大学史学会の『史苑』第一八巻第一号（一九五七年六月）に掲載された論文「天皇制イデオロギーと福沢諭吉」で、小泉信三が福沢の『帝室論』を日本国憲法の先駆けと位置付けた点に触れ、現憲法下でも天皇を政治利用し得る可能性は残存しており、その意味で現憲法は絶対視できず、それをもって福沢の天皇論を高評価するのは安易であると批判している。福沢の天皇論は『帝室論』や『尊王論』よりも『文明論之概略』に代表されており、そこでは「人民の内面領域に対する君主の支配力を削減し、これを政治の領域に限定して国民の主体的自覚を図ろうとする彼の志向は、また当時の社会の現実に支えられ、しかもその資本主義的発展の方向を踏えたものであつた」。

これに対して『帝室論』『尊王論』では、天皇を神聖化し、「心情的存在」として利用しようと努め、人民との親密化をはかろうと試みるなど、封建的主従関係という「おくれた心情」を、天皇を媒介として把握しようとしたと山田は批判し、福沢が軍隊を帝室が管轄すべきだと述べた点には、「「軍人勅諭」を発布して軍人を政治から隔離しようとした政府の政策と殆んど一致する」と述べる。山田にとってそれは、「天皇を利用して権威の盲信というおくれた日本人に根深い心情を把握しようとするものにほかならない」「国民を愚弄しようとした天皇利用論」であった。

やはり歴史学者の前島省三は『立命館法学』第六号（一九五四年二月）に論文「福沢諭吉におけるナショナリズムの発展」を掲載し、福沢を「開明的絶対主義のイデオローグとして規定することは正当であろうか」と疑問を呈した上で、福沢は「明治絶対主義政府の権力を正当化し、合理化することに寄与」し、「ブルジョワジーのイデオローグ」として「はじめからある程度専制政府と妥協的であることは当然」であったとする。この点は、福沢の官民調和論に明瞭に見出され、一八八一年以降、福沢は「国権主義」へと転向した。『時事新報』に掲載された「朝鮮攻略」論的言説を引きながら、前島は「国権拡張」論が「脱亜論」へと展開したのも不思議ではなく、「アジアの弱小国を自国の植民地支配のもとにおこうとする財閥的ブルジョアジーの、早熟的な帝国主義的要求をこのように福沢は代弁する」として、「諭吉をたんに開明的絶対主義の啓蒙思想家とみることに同意することはできない」「彼は、半封建的な軍事的帝国主義、いわば早熟的な帝国主義のイデオローグになりきってしまったのである」と結論する。戦後歴史学における福沢の「脱亜論」批判が、本格的にはじまりつつあった。

日本思想史研究者の鹿野《かの》政直《まさなお》は一九五六年に『日本近代思想の形成』(新評論社)を刊行し、第二章「資本主義思想の形成とその性格」で福沢について論じ、福沢は、日本を資本主義列強国家として成長させ、先進資本主義国と競争させるために、最も有効な手段として「独立」を位置付け、封建制度を罵倒して、国家意識をもつ国民の育成に努め、国民が自発的な納税者となることを期待したという。福沢は「独立不羈の精神をもつ中産階級」

が世界の資本主義を発展させてきたと捉え、特に士族を中心とする中産階級をもって日本の資本主義化を促進しようとした。他方、鹿野は「福沢は、政府の殖産興業政策を一層円滑に行わせるために、全国民を政府に意識的・能動的な支持者に仕立てあげようと考えていた」として、「半封建的」な政府よる資本主義化の絶対的支持者としての福沢を強調し、「ブルジョア・イデオロギーとしては極めて不徹底であることを、おのずからにして暴露」したとする。福沢の反儒教主義は「脱亜論」へとつながらざるを得ず、ヨーロッパ諸国に追いつくことは、帝国主義化しつつある列強陣営に参加することを意味しており、「脱亜論」はアジアの盟友としての中国・朝鮮と謝絶し、「日本資本主義化の論理が直ちに侵略主義に化する、という事実を物語っていた」とされる。

†実証主義的研究の探究

こうした福沢論の推移を俯瞰しながら、実証主義的な福沢論を探求していったのが、国文学者で甲南大学教授の伊藤正雄である。伊藤は福井大学国語国文学会での講演「福沢諭吉と現代日本」で、福沢没後以降の福沢論を振り返り、当初は「慶應義塾関係者の書いたものが多かつた。福沢の弟子とか、孫弟子とか、ともかく福沢を先生と仰ぐ人達の筆に成つたものが多い……どこまでも福沢先生を理想的模範的な大人物として崇め奉つて居」たが、戦時下で「福沢に対する世間の人気は余り芳しくな」くなり、自由主義者や個人主義者として軍部や右翼から憎まれ、終戦後になると「福沢ブームの時代を現出」し、「日本における民主主義の御本尊だといふ風に祭り上げる風潮」が起き、それが落ち着いてくると「もう少し冷静に、学問的に福沢の歴史的意義を検討しようとする機運が盛んとなつた」と描写している（傍点原文）。

伊藤は特に、「いはゆる進歩的な学者」が「相当痛烈な非難を加える傾向」が生まれていることに着目し、福沢を「日本の資本主義の代表的思想家的学者」「無産階級の敵」「絶対主義者であり、啓蒙的専制主義者であつた」「内にあつては絶対主義政府を支持すると共に、外に向かつては盛んに国権拡張を唱へ、東洋政略の為に外戦を主張した。……帝国主義侵略戦争を国民に煽動した」といった批判により、「福沢諭吉は今日においては殆んど尊敬に値しない反動思想家といふことになりさうであります」と述べている（傍点原文）。

その上で伊藤は、福沢が生きた時代の「時勢」を踏まえた冷静な批判が肝要であるとして、『学問のすゝめ』の成立過程や性格、文章の特徴などについて詳しく論じ、「特に現代と関連して意義深く感ぜられる」のは国家独立論であると述べ、「東洋の一弱小国家」に過ぎず、西洋人の横暴に恐れ入り、独立国の体面が傷付けられていた日本を憂えた福沢が、個人的独立心の養成が国家の独立と表裏一体の関係にあると説いたことは、「戦後における国民の国際的劣等感と、政治家や財界人の海外依存主義とに至つては、ここに福沢が痛論したところからどれだけ脱却できたでせうか。……そのまま現代の国民に対する警告の声とも言へるではありませんか」と問いかけた（『甲南大学文学会論集』第五号、一九五七年三月）。

一九五八年、毎日新聞社から『福沢諭吉入門――その言葉と解説』を上梓した伊藤は、「今日われわれが福沢に学ぶべきことの第一は、やはりなんといっても、封建制の打破ということであろう」として、「官僚独善」、「親分子分の関係」、「家父長中心」、「男尊女卑」といった「非民主的な専制と卑屈な因習」が今なお跡を絶っておらず、これを一掃しない限り福沢は安心して瞑することができないと述べ、福沢の「科学尊重の精神」に基づく実学主義や「日本国家の独立に関する真摯な念願と努力」にも敬服せざるを得ないという。

敗戦によって日本の国際的地位が福沢の時代に逆戻りした今日、福沢に学ぶべき点は多く、その言葉は「ほとんどそのまま今日、あるいは明日の日本の運命に大きくつながっていることを思わずにはいられない」とする伊藤は、福沢の著書・文章のなかから「精髄」とみるべき部分を抜き出して本書を構成し、「現代人のひとりでも多くがこの巨人の全貌に親しみうるように」したが、「必ずしも福沢を無条件に礼賛するのが目的ではない」として、現代人からは批判を招くような文章もあえて採録したと述べている。実際、当時福沢批判の焦点となっていた労働者問題について伊藤は、資本主義に立脚しつつも、早晩社会主義が発達して労使対立が激化することを洞察していた福沢の「貧富論」は、「今日から見れば、概して姑息な弥縫策にすぎず、問題の根本的解決にはほど遠いもので、かえって福沢の反動性をあまりにはっきりと暴露したような点さえ目につくので、必ずしも彼のために名誉ある言論とはいい難いけれども、彼のになった明治《ママ》的役割を明らかにする意味で、あえてここにその所論の一端を掲げることにした」と解説している。

戦前から福沢について論じ、その著作を読み込んでいた和辻哲郎は、一九五二年に刊行された『日本倫理思想史』下巻（岩波書店）で福沢を取り上げ、『学問のすゝめ』によって「啓蒙の仕事」に取りかかった福沢は、天賦人権論を用いて「封建的な階級思想」を攻撃し、学問と才能による「自由競争」を採用しようと試み、人間が「権理通義」において平等であると説いて、日本人に強い衝撃を与えた、と評している。国家間関係においても平等を説いた福沢は、西洋列強による植民地化の危機にさらされている弱小国日本の立場から「民族主義」を提唱したとして、「福沢の啓蒙運動が日本人に国民的国家の意義を理解させようとしていたことは明らかであろう」と和辻は述べ、日本の宗教や学問が権力に迎合していたとする福沢の歴史観に疑問を呈しつつも、明治維新の本質を「封建政治の門閥的専制」に対する反抗と捉え、国学者の祭政一致論を批判した点などを高く評価している

（傍点原文）。和辻はすでに東大を定年退官し、当時は日本倫理学会会長、日本学士院会員の立場にあった。

†福沢の文章

服部之総に批判された丸山眞男もこの頃、文章という観点から福沢について語っている。『文学』第二六巻第一二号（一九五八年一二月）に掲載された西尾実・江藤淳との座談会「福沢諭吉の文体と発想」で丸山は、北村透谷の福沢論に触れて、「透谷は、福沢を同じ明六社の中村敬宇と対立させて、福沢は西洋文明の外部的＝物質的な面での予言者であり、それにたいして敬宇は内面的精神的面を強調したというふうに見ている。これは透谷だけじゃない。当時、福沢というのは、そういうふうに理解されていた」と当時の福沢論を概括している。

福沢の文章が「実に新らしい」「形骸を意識的に排除しようとしている」という江藤に対し、丸山は福沢の画期的な点は、コミュニケーションの道具として言葉をつかまえ、その表現方法に意識的に苦労したことにあり、文章は非常にリズミカルで強弱緩急の起伏がハッキリしている、と述べている。また、福沢は常に現実の可能性を考慮に入れて評論していたが、維新期を経て「急速に現実の選択の範囲が狭く」なると、その論理は空転し、現実の場に働きかける余地がなくなった上に、慶應義塾での教育にエネルギーを消費し過ぎたと評した。福沢の「不徹底」さについて、主義や哲学とは別の面から説明を加えたものである。

加田哲二は、一九五八年に『思想家としての福沢諭吉』(慶應通信)を刊行した。加田は慶應義塾に学んだが、福沢の顔をみたことはなく、弟子のような感覚も抱いておらず、したがって「福沢崇拝家または福沢信者ではない」が、「福沢はえらいと思っている」と表明している。第三章でも触れたが、加田の回想によると、一九三二年頃に福沢ルネッサンスが起こり、直弟子にとって福沢は神のような存在だったが、非常時となって「福沢排撃の火の手」が上がり、それに対する「福沢の国家主義的側面が強調され出した」。戦後は民主化政策のもと「第二の福沢ルネッサンス」が起こり、世間全体で「皮相な福沢観」が展開され、「自由主義者」としての福沢が喧伝された。

「これらは論者の都合のよいように、福沢を解釈し、または利用しようとするもので、決して、福沢を正しく理解しようとするものではない」という加田は、福沢は明治政府より「数歩さきを歩いていた」として、政府のナショナリズムに比して、福沢のそれはリベラリズムの上にナショナリズムが構築されていたと述べ、これを「進歩的民族主義」と呼んでいる。加田は、福沢は明治政府の批判者であって弁護者ではなく、福沢は「明治絶対主義」のイデオローグではないとして、その目標が「現実的な近代開明的な民族国家をつくるという点にあった」と強調し、このために国民の権利義務を説く民権論と、対外活動の活性化を意味する国権論を「正道」と「権道」として調和させた、と説明している。

この年、岩崎書店が刊行していた「少国民の偉人物語文庫」として『福沢諭吉――近代文明の先駆者』を出した加田は、「近代日本のもっともすぐれた指導者の一人としての福沢諭吉の意義は、大きなものがあります」と書き出しているが、ここでも「時勢がちがってきたからといって、同一人を、時勢にあわせて論ずることは、正しいとはいえないでしょう」と説いている。加田は「進歩的民族主義」者福沢について、子どもたちに向けて次のように解説した。「福沢は国の独立を力説したが、それは実力によって獲得したものでなければならない。文明開化は必要であるが、西洋人をむやみに信ずることはできない。西洋人といえども、道理にそむくものはうち払うべきだとするのが、福沢の説である」。福沢は官民調和論を唱え、「内は文明の推進のために、外は国威の拡大のために、官民がたがいに手をとって、すすむべきをのべた」が、政党も政府もこれに従わずに抗争を続け、日清戦争にいたってようやく一致を見た。これが福沢の主張の具現化であり、戦勝に福沢が喜んだ場面が描かれて、本書は閉じられている。

3 「脱亜論」者への道——一九六〇年代

†『福沢諭吉』(岩波新書)の刊行

日米安全保障条約の改定をめぐる激しい反対運動で幕を上げた一九六〇年代、福沢についての学術研究が進むとともに、これを評価する声と批判する筆鋒の乖離が進んでいく。

慶應義塾側でさかんに福沢論を説き続けたのは、やはり高橋誠一郎と小泉信三である。高橋は一九六七年の福沢先生誕生記念会での講演「福沢先生の政治経済論」において、三田演説館ではじめてみた福沢やその逝去の際の思い出を語り、「慶應義塾には常に福沢先生が生きておられる。先生は常にわれわれ後輩に呼びかけておられる」として、年に一度の記念会で「故先生の生涯や思想について考えて行く」意義を強調している。

高橋が説いたのは福沢の政治経済論で、幕末維新期の外国貿易排斥論に対抗して「唐人往来」を記して貿易の意義を語ったとして、その経済論はチェンバースの経済書の影響を受けており、その著者は社会主義の影響を警戒して「経済原理は物理法則と同じく事物の本性から生ずる」という立場から、旧資本主義的社会を守るためにこの書を執筆した、と解説している。福沢はこれを読み、「西欧資本主義経済社会の柱礎の構造を日本に紹介し、これによりまして古い封建社会の拘束を排除して、日本を真の開国主義に導」びこうとしたが、一八七四年頃から、西洋学説の「輸入」を止め、「日本の国情に立脚した国民主義的な経済学説」を打ち立てようした。その特徴は重商主義であったと高橋は述べ、「国家の富強、国権の拡張は、実に福沢先生にあって、総べての政策の自明的最高目的だった」としている（『三田評論』第六五九号、一九六七年四月）。

小泉信三は一九六六年に『福沢諭吉』（岩波新書）を刊行し、福沢の生涯と著作について、その歴史観に軸を置きながら考察している。福沢は生涯において、廃藩置県と日清戦争での勝利を特に喜んだが、それはこれらが「封建的束縛からの個人の解放」と「日本国民の強大なる外国に対する解放」として映ったからであった。福沢はこの二つの出来事で「舞台の上に動く俳優ではなかったが、背景のうしろにおいて俳優の演技の筋書を書いた脚本作家であった」と小泉は評し、福沢が近代化政策を歓迎したのは、封建門閥制度の「圧迫と屈従」を、身をもって体験したためである、とする。

洋行体験を踏まえて福沢は、西洋諸国の文明と富強を知り、文明国の間で日本の独立を全うすべく、「国民を文明の域に進める」ことを企図し、「民間から政府の革新政策を援けて、新日本の建設に力を致すことに心を定めて来た」。小泉は、福沢の思想家としての特徴の第一は、「科学主義の確立と国民独立の精神の鼓吹」にあったとし、さらに「西洋自然科学から西洋人文科学へと」興味を拡大し、西洋思想に学びながら、「旧藩情」で旧中津藩における身分格差の問題を活写し、『民情一新』では文明の利器の発達と英国流の議会政治、政権交代の必要性を説いた、とする。小泉はマルクス主義批判を続けてきた自らの経済学者としての立場を踏まえて、福沢とマルクスを比較し、「後者における形而上学的の語気が前者に全く欠けている」と指摘し、福沢の「実証的、地上的」な思想的特徴を強調している（小泉信三『小泉信三全集』第二一巻、文藝春秋、一九六八年）。

小泉は当時も皇太子教育に従事していたが、一九六三年九月九日付『産経新聞』に掲載された「帝室論」では、福沢が帝室論を記した時代背景について触れた上で、「政争をもって皇室を煩してはならぬ、わが皇室は全日本国民の皇室であって、一部のお味方のものではない、というのが、全篇の論旨」だと解説し、福沢の主張は日本国憲法下の現在では珍しいものではないが、「八十年の昔、旧帝国憲法すらもいまだ形を成さぬその当時において、すでに福沢がこれを説いたことは、時勢に先んじたものといわなければなるまい」と評している（小泉信三『小泉信三全集』第二〇巻、文藝春秋、一九六七年）。すでに皇太子と音読した『帝室論』の価値を、この当時も信じて疑わなかったことが理解されよう。

†ライシャワーと丸山眞男

この時期、福沢論に新たな風を吹き込んだのが、駐日米国大使となるエドウィン・O・ライシャワーである。ハーバード大学教授としてアメリカにおける日本研究を牽引してきたライシャワーは、一九六〇年五月、「自由の責任――福沢諭吉の考え方」と題する講演を行った。日米関係の歴史を回顧したライシャワーは、「福沢諭吉ほど、日米関係の初期に両国間の理解増進のなかだちとなった人はまたとない」と評し、その「堅忍」「果断」「創意」「英知」を賞賛して、特に『学問のすゝめ』が「今日でも健全かつ妥当」だとして、福沢が他者の権利を侵害せずに自己の自由を達成しようとした趣旨は「米国の政治思想史を貫ぬいて流れている」と評価した。自由は「自由勝手」を意味するものではなく、自己と家族、国家に対する責任を負うとするライシャワーは、「自由」や「民主主義」、「正義」といった言葉が「人びとの思想と行為を一定の型にはめようと努める者によって乱用」されていることに警鐘を鳴らし、その基本原則を強調して、「全世界の民主主義と自由と平和」が強化されることを提唱した（『三田評論』第五八八号、一九六〇年七月）。国内では自民党と社会党による五五年体制がはじまり、国際政治の舞台では米ソ冷戦が危機を迎えていた。

ライシャワーは一九六一年に駐日米国大使に就任し、『自由』第六巻第九号（一九六四年九月）に「明治指導者の遺産――福沢諭吉を中心として」を寄せ、「今日の日本の観点から、明治の指導者が残した偉業を顧みるとき、それを四つの範疇に大別できる」として、第一に、政治・経済・社会構造を封建的形態から改革して近代化を志向したこと、第二に、近代的な経済制度を導入したこと、第三に、政府の外部から「民主主義的な諸制度」の構築を説いて現実制度に「矯正」を迫ったこと、第四に、富国強兵政策を支えた思想的遺産、を挙げ、明治の指導者のなかで「私がとくに強い感銘を受けるのは福沢諭吉なのであり、実に彼の思想と価値体系こそは、今日においても、もっとも大きな価値をもっている」と評した。とりわけ、明治初期の指導者のなかで、ひとり福沢が「平等で独立した個人によって構成され、かつ各人が自己の社会的責任を負うような国家を築くことの必要性を力説した」点に注目し、政治制度としては「民主主義」を目指し、「現在の日本憲法に非常に近い思想をもって」おり、「ただ福沢の価値体系のみが今日もなお全面的に有効であり、現代の諸制度と社会秩序に適合するものとなっている」と高く評価している。

ライシャワーが慶應義塾に歓迎されたことはいうまでもなく、この年の福沢先生誕生記念会では、「福沢諭吉とその時代」と題して記念講演していた。ライシャワーは、ケンブリッジ大学のカーメン・ブラッカーの著書『日本の啓蒙』のゲラを引用しながら、福沢を「一つの価値体系の創立者」と評し、その価値体系は、人々を「科学の知識で啓蒙」していけば「人間社会は必然的に進歩し」、理性によって統御された安定した社会が現出するという信念と、「人間個人の自主性、独立性というものと人間各個人の平等性という観念」とに支えられており、これを基礎に福沢は「民主主義が最もすぐれた形態であると主張」してイギリス議会制度の導入を説き、国際秩序においても、個人の独立性と理性による秩序を国家間関係に求めたという。ライシャワーは、「先生の価値体系は最近はその重要性と価値が十分強調されていない」と慨嘆し、日本人は福沢の没後、その思想から背を向け、敗戦まで「先生の思想とは全く違う方向にいった」と指摘して、福沢の説いた個人の独立性、平等性、個人の繁栄と幸福の追求権は、「現代日本の理想として今日の日本国憲法にうたわれています」と強調している（『三田評論』第六二六号、一九六四年五月）。

一九六八年九月、丸山眞男は慶應義塾大学で開催された小泉信三記念講座で「福沢諭吉」と題して講演した。丸山は、「新日本の偉人として、何となくもてはやされる、雲の上の尊敬の対象となっている度合と、彼の膨大な著作が本当に読まれている度合との間には、恐るべきギャップがあると思います」と述べた上で、「思想家」を自分の生活や性質、嗜好を思想に直接流出させるタイプと、これらを抑制して一定の批評をし、自分の態度を決めるタイプとに分け、福沢は後者に属するとした上で、福沢は「自分の性に合っている、自分の生活に忠実な、気質の忠実な表現として酒を売っているのではなく、今こそ日本で他ならない酒を売る」態度をとったと評している。その上で福沢は、複数の問題に対してプライオリティを設定し、「状況認識」に基づいて判断することを使命として、「極端主義」に陥る「惑溺」を嫌った。

江戸時代と明治時代を生きた福沢は、「江戸時代のものの考え方なり、伝統を自分の体の中に意識していたからこそ、自分の中にある古いものとの対話を通じてでないと、新しいものは形成されないだろうということを痛いほど分かっていて、それが開化先生と違う」と丸山は述べ、最後にドイツの詩人ゴットホルト・E・レッシングの言葉を読み替えて、「誰か福沢諭吉を讃美しないであらう。されど誰もが彼を読むであらうか。否。我らは誉められること少なく、読まるゝること多きを望む」と結んでいる(『丸山眞男手帖』第五七号、二〇一一年四月)。

†「予言者」としての福沢

文芸評論家で明治大学文学部教授の中村光夫は、『中央公論』第八〇年第三号(一九六五年三月)に「福沢諭吉とナショナリズム――智徳の弁」と題する論考を寄せ、福沢が「たんなるジャーナリズムの才人と違つてゐたところ」は、その着眼点が、「いつも日本を文明にみちびく急所であつたことです」と述べ、福沢は『文明論之概略』において、新時代の人間は文明化のために「智恵」を養う必要があり、文明化の目的に国家の独立を掲げたが、そこに「ナショナリストたる面目」があるとする。福沢は西洋の社会制度、風俗習慣を認めながら、西洋人の生き方や世界観、特に東洋における振る舞いに不満を抱いており、これに対抗するために軍事力、技術、経済、政治を整備するよう主張し、そのために自然科学、民主主義、個人主義を唱道した。福沢には物理学に対する信仰があり、晩年には宗教によるモラル・スタンダードの向上を考えていたが、それを実現する「天才」に出会えないまま、この世を去ったとし、中村は福沢の系譜を継ぐ「予言者」のひとりに北村透谷を挙げている。

中村から、『学問のすゝめ』の冒頭「天は人の上に人を造らず人の下に人を造らずと云えり」の出典がトーマス・ジェファーションだと聞いた小林秀雄は、『文藝春秋』第四〇巻第六号(一九六二年六月)に「福沢諭吉」と題するエッセイを寄せた。「考えるヒント」シリーズの一編である。小林は、日本の精神史が漢学から洋学に転向する「時の勢い」を最も早く見て取り、思想家が「強いられた特殊な意味合」を誰よりもはっきり看破していた人物として福沢を位置付け、福沢は「官許という商売によって身に付いた習癖」を「悪習」と呼んだものの、「古学を否定する論は、彼には見られない……古学の、彼の語法を借りれば「精神の密」についての彼の鋭敏は、決して鈍磨する事がなかった」と指摘する。

「瘠我慢の説」を取り上げた小林は、ここで福沢が「本当に言いたかった事」は、「道徳は言葉にはない、人心の機微を、その住処とするものだ」という点にあったとして、「彼は、先入主なく、平静に、道徳というものを考え詰め、人の心底にある一片の誠心に行き着いた」と論じている。

同誌第四〇巻第一一号（一九六二年一一月）に同シリーズとして記した「天という言葉」で小林は、「天」に着目し、これは「沢山な人々によって演じられて来た自覚という精神の劇の主題の象徴であった」として、福沢を西洋文明に心酔して巧みに時勢を論じた浅薄な思想家として捉えることはできないと述べ、「天は人の上に」の言葉を語る時、伊藤仁斎の「人の外に道なく、道の外に人なし」を「想っていたと推測してもいい」、洋学を実学として生かしたのも仁斎の思想の影響ではないか、と指摘している。小林が戦前から福沢に関心を寄せていたことは前章で述べたが、近年論じられてきている儒学と福沢との関係性について、先駆的に着眼した論考であった。

一九六六年八月、伊藤正雄は福沢の文章や『学問のすゝめ』の分析に焦点をあてた「福沢諭吉の研究」と題する著作を『甲南大学紀要文学編』第一号に掲載し、これを改訂した『福沢諭吉論考』が一九六九年に吉川弘文館から刊行された。伊藤は福沢の文章について、「国語の問題、ことばの問題といふ点についても、彼はきはめてすぐれた意見をもち、また非常にりっぱなことを実行した人であったと思ふ」として、その国語の平易化と漢字制限への取り組みについて論じ、福沢が『文字之教』で説いた漢字制限論は、そのとき限りのものであったと述べ、「現実的な福沢のことですから、漢字全廃などといふことは、到底将来といへども実行できるものではないことを感じたのでせう」と観察している。伊藤は「漢字全廃論者」に対して、必要な漢字を活用しつつも、福沢にならって、難しい漢字をできるだけ使わないよう提唱した。この間の一九六七年二月に『歴史教育』第一五巻第二号に寄せた「福沢諭吉の精神について――特に中学生や高校生に伝えたいこと」で伊藤は、福沢の平面的な「伝記」よりも具体的な「生活行動」を、抽象化された「思想」よりも潑剌とした「精神」を伝えたいとして、そのために福沢の文章を引用して、その「息吹きを肌に感じさせ」たい、と意欲を語り、西洋知識の普及や人権平等の思想、独立自尊の精神、実学の教育、経済の振興、法の尊重と暴力の否定、社交と弁論の奨励、文章の民主化、そして女性の解放に取り組んだ福沢について解説し、「福沢の数々の業績のうちでも、文章の民主化に尽くした貢献を忘れることはできない」と特筆している。

子ども向けの図書も見ておこう。東京帝大出身の評論家・沢田謙が刊行した『近代日本の先覚者　福沢諭吉』（偕成社、一九六〇年）も冒頭で、封建制度は親の敵、天は人の上に人を造らず人の下に人を造らず、といった文言を掲げ、「明治の日本をりっぱな文明国につくりあげたのは、福沢諭吉である。……この未開国の日本が、どうして世界の文明国にまけぬような、りっぱな国になることができたのか。それは諭吉の教えた『独立自尊』の精神であった。そしてほんとうに『四民平等』の世のなかをつくりあげた」として、平易に福沢の伝記を記し、福沢の葬儀の様子を「それがあたらしい日本の『文明の父』福沢諭吉が、彼の愛する日本と、さいごの別れをつげる日であった」と結んでいる。巻末で高橋誠一郎は、「社会的病患の根源は、ふかく人の心のうちにひそんでおります。真の社会理想を実現するためには、まず、独立自尊の人をつくりあげなければならないと、先生は考えておられました」との解説を寄せている。高橋が独立自尊主義をもって戦後教育を主導しようとたことは、すでにみた通りである。

†アカデミズムの中の福沢論

アカデミズムの世界でも、『大阪学芸大学紀要A人文科学』第九号（一九六一年三月）に、岩瀬昌登が「福沢諭吉の帝室論」と題する論文を掲載している。岩瀬は、明治初年の福沢の帝室に対する考え方を整理し、「強く天皇の絶対性を否定し、将軍独裁からそのまま天皇独裁に移行しつつある復古的新政府の帝室観に対立した」と述べ、「君主檀制」をやむなしとする大久保利通などに対して、福沢は「尊王を支える柱を上からの絶対権」に求めず、「下からの功利的有効性」に注目したとする。その上で岩瀬は、『帝室論』が「現在の日本社会に処して、帝室の姿について何らかの示唆があるようにも覚えた」として、その内容を詳しく紹介し、これは帝室が政治権力を持たないことで、その権威を高めようとする「功利的有効性」と、政権の多元化を志向する「進歩」の概念によって支えられていたとし、「敗戦日本は皮肉にも福沢の志向した「進歩」に即して、民主的新憲法を成立させ、「象徴天皇」の帝室を具現」したと結論した（傍点原文）。

早稲田大学出身の政治学者・木村時夫は、『日本ナショナリズムの研究』（前野書店、一九六六年）において、「福沢諭吉のナショナリズム」と題する章を設けている。木村は、福沢を自由主義者・民権論者、あるいは拝金宗などと称する評価があり、「たしかに福沢は時代によって変貌する」が、「彼は決して機会主義者や変節観ではない。……一言もって彼を評するならばナショナリストこそが、彼に冠しうる最も妥当な称号であるように思われる」と述べ、明治一〇年代から活発となった福沢のナショナリズムの主張は日清戦争で頂点に達したが、それは儒教を根底とする「名分論的な攘夷思想の発展の結果」ではなく、「先進文明の卓越性を認識するとともに、自国の後進性を反省する時、そうしてまた国際社会に伍して、国家としての独立ならびに自主性を維持しようとするところ」に本質があるとする。

では、福沢批判の焦点となっていた社会主義との関係は、どうか。木村は次章「福沢諭吉と社会主義思想」において、初期には貧困に同情していたものの、その後、貧富の格差は文明の進歩に付随する不可避の事象と認識され、貧富の衝突が発生することを予想しつつ、「今日の眼から見れば対策と称すべきものではないが」、富豪に公共慈善事業への資金投資を勧めるなど「種々の予防策」を講じた。労働運動に対しては国家に害があるとして理解を示さなかったが、資本家の立場から労働者を軽視したわけではなく、「労働者の境遇に対し十分な理解と同情のあったことは、職工条例の制定に反対して筆をとった、幾篇かの論文を仔細に見れば諒解せられる」と弁護している。

丸山に師事した日本政治思想史研究者で東京教育大学文学部教授の松本三之介は、一九六九年に刊行した『天皇制国家と政治思想』(未來社)で、本居宣長が説いた「私的世界の自立」は、福沢が「世の学者の肥大した政治志向性」を批判して「私立の方向」を説き、「文明」を論じた姿勢と相似形をなしており、福沢は「自立した私的な市民社会(「文明」)こそが実は政府を基づけ規定する」と考えていた、と評した。自由民権運動期には、生存権や生活権から生まれた天賦人権についての認識が一般的に不徹底であり、運動を支えた政治意識のなかにも「私的な生活権にうらづけられた権利意識は、一般的に稀薄」だったとした上で、松本は「私権の尊重を媒介としない政権論への偏向」を福沢が批判していたことに着目し、天賦人権論は「自主的な生存や生活の観念と結びついてはじめて生きた意味をもちうるものであった」と指摘している。

†労働者軽視への批判

こうした福沢賞賛・肯定論に対して、左派からの批判は厳しさを増していく。『教育評論』第一二一号(一九六二年二月)に掲載された小松周吉の「福沢諭吉」は、「福沢は、封建制度批判の徹底性とその識見の卓越性において、当時の啓蒙思想家のなかで群をぬいていた」としながら、福沢は「現実の経済的不平等については無関心であった」として、民衆とその労働、大衆に学ぶ姿勢に欠けていた点を「限界」と指摘している。小松は、「官民調和」や国権論に傾斜していった福沢の姿勢にも、「客観的には反動的役割を果すものであることは否定しえない」と批判する。福沢は資本主義的独立のもとでの経済的不平等を肯定し、資本家を擁護し、労働者階級の抵抗を恐れたとして、小松は「ブルジョア的階級制に支えられ、とくに愚民観に立つ者であったかぎり、これによって民衆の教育的要求を掘り起し、これを組織することは不可能であり、客観的には、それは支配者に奉仕する役割を果すものであることは否定しえない」と難じた。

家永三郎は一九六三年に刊行された『現代日本思想大系2 福沢諭吉』(筑摩書房)に

「福沢諭吉の人と思想」を寄せ、一八七三年頃の福沢思想が「歴史の進展の先頭に立つ新鮮な考え方を示すものとして同時期には他に比類のない積極的な役割を発揮していた」と評価しつつも、その官民調和論については、「一方では政府の国民運動弾圧政策を批判する論理をもふくんでいて、そこに福沢の思想家としての相対的独立性は維持されているとはいうものの、客観的にはやはり下からの革命への進展を阻止する役割の側に重きのおかれていたことは否みがたいのではあるまいか」と疑問を投げかけている。さらに、福沢は「無産階級の窮乏化」を是認しながら「富豪の致富」を積極的に奨励した「ブルジョアイデオローグ」であり、「貧しい無産階級」が同盟罷工などを通して爆発し、富豪と衝突するのを懸念し、その「安全弁」として独自の宗教論を展開したと解説している。

この頃から福沢批判者として台頭してきたのが、日本思想史研究者のひろたまさきである。ひろたは『日本史研究』第五八号（一九六二年一月）に「日本啓蒙思想の特質——福沢諭吉について」を発表し、丸山眞男の福沢研究を「個人の成立を近代そのものとみなし、近代的＝主体的個人に究極的価値をおいて、その成立史を究め」たものと一定の評価を下した上で、「敗戦直後の問題状況に対して、近代的個人の主体性回復を提起することそれ自体に、すでにひとつの矛盾が内包されていたのではなかったろうか」と指摘する（傍点原文）。

他方、ひろたは服部之総などの「講座派的見解」に対しても、客観的には天皇制を是認しつつ、天皇制は半封建、福沢も半封建であるという「図式的な評価を安易に生み出してはいなかっただろうか」と疑問を投げかけた。ひろたは、「人間解放の問題」は、個人の主体性だけで検討されるべきものではなく、「生産力と人間、組織と個人の関係そのもの」から考え直さねばならないと説き、福沢が社会契約論を説きながら抵抗権を承認しなかった点に着目し、ルソーに比して「福沢がいかに政治的民主主義を欠いていたかは明らかだ」と批判し、農民一揆という「民主主義のためのエネルギー」に対して明治政府を支持し、その強力化・能率化を要請したことは、天皇制政府の是認であったと追及する。農民一揆という人民のエネルギーを否定した福沢は、「その日常性的主体精神をナショナリズムに結合せざるをえ」ず、個人の日常生活を直接的に国家の独立に奉仕させるよう導いていった。ひろたは、福沢が「国内安寧対外侵略の解決方式」を採用し、「民主主義の空虚化（手段化）と近代的自我の局部限定化を激しく随伴させつつ、生産力の欧米的レヴェルへの追いつきの意図を貫こうとした」と結論している。

さらに、ひろたが史学研究会の『史林』第四七巻六号（一九六四年一一月）に発表した論文のタイトルは、「日本啓蒙主義の凋落――福沢諭吉の変貌」である。「民衆に対して、日本近代化の未来像を掲げ、その百科全書的（欧米）知識をもって教育せん」としたところに明治初期の「啓蒙主義」の特色を見るひろたは、「啓蒙主義」が「天皇制国家の早熟な帝国主義的思想を先取り」していく「凋落」の過程を描こうとした。占領期に「不当に宣伝された」福沢論が今なお続いていることを念頭に、ひろたは、福沢が「農民に対して非情」で、租税納入者や士族に対してしか関心を示さなかったとして、千葉県長沼の漁業権などをめぐって発生した長沼事件を取り上げ、これに関与した福沢の姿勢に、政府と住民との「紛争」を回避しようとした「狡猾な配慮」を読み取り、『時事小言』では国権論に傾斜して天賦人権論を完全に放棄し、官民調和を唱えたことを「帝国主義的国内政策」の模倣であると評し、ここに「決定的凋落」を見出す。

福沢が天賦人権論を放棄したのは、それが「百姓町人ら民衆になかなか理解されない」という現実に直面したからであり、富国強兵によって国家独立を目指し、「源蓄強行の犠牲者たる民衆」の生活が押しつぶされるのを肯定しつつ、これを、宗教を媒介として組織化し、帝国主義への国家的成長を志向していった、とひろたは指摘する。

†社会思想史からの攻撃

現在に至るまで福沢批判の主唱者として多くの福沢論を発表してきた、社会思想史研究者の安川寿之輔《やすかわじゅのすけ》が、『社会科学論集（志邨学園短期大学社会科学研究会）』第一号（一九六六年六月）に「福沢諭吉の教育思想（一）――『学問のすすめ』を中心として」を発表した。安川は、「学制」（一八七二年）の教育理念を示した「被仰出書」は『学問のすゝめ』の引き写しだったとし、「被仰出書」は「個人のための教育と「国家富強」のための教育という一見「相互に相反する性格」を同時に内包した」と解釈した上で、福沢において「無視できない大きな問題」として、『学問のすゝめ』において、日本の人民が「絶対主義政府」のもとで社会契約を実現したと把握した点があると指摘する。福沢は徴兵制や地租改正に反対する「農民闘争」を「愚民」や「馬鹿者」の所業と見做し、彼等が「無知文盲」であるために「暴政」が生じるため、人民が学問に志す必要性を説き、抵抗権を否定した。安川は、福沢の社会契約説は「重要な抵抗権思想を実質的に否定して、絶対主義政府への服従と自発的納税を説くところの理論的補強物」であったと批判を加えている。

同誌第二号（一九六七年三月）に掲載された続編「福沢諭吉の教育思想（二）——福沢諭吉における政治・教育・経済」で安川は、福沢は資本主義の発展による一国の独立、富国強兵を目指しながら、「ブルジョア的発展の未成熟」のために資本主義発達の基盤・条件を見出すことができず、帝国主義時代下にあって、否応なく日本のナショナリティーの確保を至上命題とするにいたったとする。

日本の民衆は「無知文盲」の「素町人土百姓」であるとする福沢は、「実学」を勧め、「人民独立の気力」を論じたとして、安川はその「民衆教育論」について論じる。福沢は、児童の「教育の機会」が家庭の経済状況に規制されるという不平等を批判せず、その事実を積極的に合理化するために、「学問・教育＝商品論」と「遺伝論」を唱え、「率直に、ブルジョアイデオローグとしてのみずからの立場を表明した」。所得に応じて購入し得る教育レベルが変動するのが「商品論」であり、遺伝によって規定された自然的素質や能力の差は変えようがないとするのが「遺伝論」で、これらによって福沢は「貧民子弟の中・高等教育機関からの排除を合理化」したと安川は批判する（傍点原文）。

さらに安川は、『宮城教育大学紀要』第二号（一九六八年三月）に「福沢諭吉の教育思想(三)——学問・教育独立論を中心として」を掲載した。ここでの安川の福沢批判の論点は第一に、教育の政治的中立性を説いた福沢が、教育勅語に全く反対していないこと、第二に、教育の目的を「国家のため」とする文部大臣・森有礼を福沢が批判していないこと、第三に、教育の「自由」を求めた福沢が、自らの政治的課題の達成に不都合な国学や漢学を排除しようとしたこと、第四に、内村鑑三不敬事件に沈黙し、宗教に戦争協力を求めた福沢が、「信教の自由」や「宗教の独立」を主張しうるのか検討する必要があること、第五に、言論・出版・集会・結社の自由について福沢がどう論じたのか検証すべきこと、第六に、福沢が社会科学を含めた「学問の自由」を唱えていたか、やはり検証の必要があること、にある（傍点原文）。

安川は、福沢は学問と教育の自由を「国のため」に主張した点を強調し、福沢が明治政府や文部省よりも自由民権運動と敵対的関係にあり、『帝室論』や『尊王論』で天皇制に「醒めた意識」を示しながらも、結局は天皇制に依拠せざるを得ず、教育勅語に代表される「天皇制絶対主義」にも異議を差し挟まなかったとし、「むしろ、天皇制を富国強兵推進のもっとも有効な手段と位置づけた明治政府「開明派」官僚たちと基本的に同一の立場にあった」という。

住谷悦治等編『講座・日本社会思想史 1 明治社会思想の形成 増補版』（芳賀書店、一九六九年）で日本史研究者の森田康夫は第一章「イギリス自由主義の流入――福沢諭吉と田口卯吉」を担当し、福沢について「終生かわることなく、在野の啓蒙思想家として活躍した」と位置付け、封建的価値体系に仮借ない批判を浴びせて近代的社会観を形成しようと試みたものの、自由民権運動が高まって官民の対立が激化すると「官民調和論」を唱え、「福沢思想は急速に精彩を失なった」と評価している。この頃から国際社会における権道＝国家理由の立場に立って、日清戦争の支持など「海外への武力進出を肯定する理論的前提」を提供し、経済面では重商主義的傾向をもって「国民的ブルジョアジー」を擁護した。天皇については、政争の具となってその尊厳・神聖を利用しないよう戒め、国民の精神的支柱となるよう期待し、それは「維新政権の指導者たちが意図した大権主義的な天皇観とは、まさに異質のものだった」が、「福沢における普遍的な利害の期待も、それはブルジョア的立場からのものであったことはいうまでもない」と結論している。

鹿野政直は一九六九年に刊行した『資本主義形成期の秩序意識』（筑摩書房）で、福沢は「価値の配分による統合」に意欲を見せ、官民調和論によって、官が主体性をもってその政治的価値を民間に配分し、民間から政府に人材を登用することを求めたとしている。福沢は、「民心を収攬して権力の基盤をひろげよう」と試み、憲法もまた政府の主導で官と民が協力して制定されるべきだと考えたが、アジア諸国、特に中国と朝鮮に対する差別・排除意識を濃厚に有しており、議会が紛糾した際には「政府の救済策」として対外的な緊張を造出すべきことを説くなど、「福沢における価値の配分による統合論は、アジア諸国民にたいするこうした差別感によって補強されていた」という。

†「脱亜論」者福沢

この頃から、福沢批判の論点として特に注目されるようになるのが、「脱亜論」である。福沢が支援していた朝鮮開化派によるクーデターである甲申事変が失敗した直後の『時事新報』（一八八五年三月一六日付）に掲載されたこの社説に対し、厳しい批判が寄せられた。

伊藤整等編『近代日本思想史講座』第八巻・世界のなかの日本（筑摩書房、一九六一年）

に収められた岡義武「国民的独立と国家理性」は、「大陸進出論の胎動」の項で「脱亜論」を取り上げ、その内容を紹介した上で「このようにして、いわゆる大陸進出論が次第に現れるようになる」と評している。竹内好「日本とアジア」も、国家の独立の基礎が固まるにつれ、「福沢において内面的緊張の下にあった目的と手段の関係がゆるみ、分裂が生ずるようになった」として「脱亜論」に言及し、「『悪友を謝絶』したがためにアジアに君臨でき、しかも日本がアジアの「盟主」たることが「亜細亜を興す」ことは一体であると観念されるようになった」としている。「脱亜」の結果として、「文明への反逆というレッテルを当の文明の本家から貼られる悲喜劇を招いた」、と竹内は指摘した。

松本三之介の「国民的使命感の歴史的変遷」は、ヨーロッパの眼からみれば日本は「まぎれもなくアジアの一員であるというあきらめにも似た自己認識」が日本人に存在し、それが「日本とアジア」を連携する絆となったとする。その「連帯」の思想は、アジア諸国に対する「強い蔑視と深い不信」によって裏打ちされているとして、松本は「脱亜論」の一節を引き、「かくも文明度の異なる日本とアジア諸国とを単に地理的な隣接性のゆえにヨーロッパから同一視せられることを日本の一大不幸と考え、「悪友を親しむ者は共に悪名を免かる可らず」と断然「脱亜」を主張した態度の方が、むしろ自己に誠実であり合理的であると言わなければならない」と評した。

松本は、「自然的なアジア連帯感」の克服は福沢のような「醒めた精神」によって可能となったものの、それはアジアに対する「自覚的な優越感」とともに長く生き続け、「日本の国家的自立の達成・国際的地位の向上・アジア諸国にたいする先進性の自覚等を契機」として、アジアに対する「指導性」を当然のものとして自然化し、アジア支配を推し進める自己欺瞞が生まれていった、としている（傍点原文）。

松本のような解釈は例外的なもので、『岩波講座現代　第4（植民地の独立）』（岩波書店、一九六三年）で「植民地独立の時代と日本」を執筆した評論家の蠟山芳郎《ろうやまよしろう》は、明治維新が成功したものの、日本が欧米帝国主義から対外的独立を維持するには多くの課題が残り、「日本人の意識のなかに異常なまでに深く、帝国主義の侵略をおそれる民族の危機感がきざみこまれていた」として、欧米列強への恐怖を伴った対抗意識、劣等感、危機感は長く継承され、「日本自身が帝国主義国家となり、朝鮮、中国、東南アジアを侵略し、支配するようになった時になっても、少なくとも意識のなかでは、日本人は民族として危機をあい変わらず感じていた」という。そして、この「劣等感の克服の努力」が「福沢諭吉の「脱亜論」となり、あるいは日英同盟となり、あるいは日本の中国侵略となっていった」との歴史観を提示している。

蠟山は、アジア諸国の「反植民地主義的な民族的反抗」のインパクトによって日本の維新の成功が保障されたため、「日本民族の道」は「ともにアジアを復興させる道」であったとした上で、福沢もはじめは「興亜の道」を、そして「日清韓同盟論」を主張したが、「興亜の道」の道半ばで「世界における帝国主義の完成など、新情勢の展開を観察し、不毛なる興亜の道を批判して到達した」のが「脱亜論」であったと位置付けている。それは帝国主義国との妥協であり、自らも帝国主義国として歩みはじめる傾向が生まれたことを意味する、と蠟山は述べている。

†「脱亜論」の発見と拡散

「脱亜論」自体は、一九五一年十一月に『福沢研究』第六号に遠山茂樹が発表した「日清戦争と福沢諭吉――その歴史的起点について」で「強大文明国の植民地となることが、むしろ朝鮮人民の幸福――これは修辞上の誇張の言ではなく、日本の朝鮮侵略を主張する論の前提となっている」としてその一部を引用し、「アジアの一員としてアジアの興隆に尽すのではなく、アジアを脱し、アジア隣邦を犠牲にすることによつて西洋列強と伍する小帝国主義になろうとする、日本のナショナリズムの悪しき伝統の中に、この類い稀な思想家も、「文明」の名においてとらえられていた」と解説を加える形で「発見」された。さらに、その翌年に服部之総が「東洋における日本の位置」(中野重治編『近代日本文学講座』第一巻・近代日本文学の背景、河出書房）で「日清戦争が、清国と日本、東洋同志《ママ》の戦争でなく、野蛮と文明、東洋と西欧の戦であるという福沢の「喝破」が、なんらのコンプレックスを伴つているものでもなかつたことを、この「脱亜論」が証明している」と評して紹介して以来、通史や新書などでも大陸侵略の先駆として位置付けられることで、その「悪名」が広く認知されていった。

一九六七年に刊行された河野健二『福沢諭吉――生きつづける思想家』（講談社現代新書）も、「官民調和」と並ぶ福沢の思想的柱として「国権皇張」があり、後者を具現化したのが朝鮮経営論で、福沢は朝鮮・中国が現状のまま放置されれば西洋諸国に侵略され、日本の独立が危機に陥ると懸念して「脱亜論」を発表したとしている。これは「リアリスト福沢の見解を明快に提示したもの」で、「この福沢の立場は、明らかに侵略主義あるいは帝国主義であり、少なくともそれを是認するものであった」とされる。

同年にやはり新書として刊行された鹿野政直『福沢諭吉』（清水書院）は、福沢が「利の追求の正当化」「漢字制限と文体変革」「文学と実学」「物理学主義」「女性の尊重」「悪徳の擁護」といった一連の活動を通して、広く深く国民に影響を与え、国民が「あたらしいもの」に覚醒していくことになったと記し、「かれの思想は、他の思想家をはるかにとびこえる規模をもって、直接に国民の心にくいいり、自由・独立の観念の土着化に、また文明の映像の移植にいきいきと機能した」と評した。福沢は民権と国権の両立を目指し、後者は日本の独立を意味したが、欧米列強と競争する意味で国権を論じることは、「積極的な海外進出」を意味することになる。これを福沢の「転回」とする鹿野は、「脱亜論」について「ここには露骨な力の論理だけがめだっていて、道理の感覚は失われている」として、これは「福沢が、いわば普遍的な価値への情熱を失った」ことを示すと述べている。

慶應義塾や総合雑誌を中心に語られる福沢の肯定的理解は、皇室やアメリカの威光を帯びつつ、読者に届けられた。実証主義歴史学的なアカデミズムの福沢論も、それに触発されながら活性化し、これらに増して、左派アカデミズムの世界では激しい福沢批判が展開された。「脱亜論」はもはや、福沢思想を代表するかのような状況になっている。

4 「通説的理解」の登場——一九七〇・八〇年代

†高橋誠一郎と富田正文

一九七〇年代に入った。福沢について多くを語ってきた小泉信三は、すでに一九六六年に没し、福沢に直接接した慶應義塾側の著名人は、高橋誠一郎を残すのみとなっている。

『文部時報』第一一四五号（一九七二年一〇月）に「福沢諭吉先生との思い出」と題するエッセイを寄せた高橋は、主に教育面から福沢や義塾を回顧している。

学生時代は天皇・皇后の御真影の前で最敬礼をしたり、教育勅語を拝読したり、ということがなく、「仁恵的な家族国家思想を基礎として打ち立てられた忠孝一致主義の教育勅語には触れずに、人間個々の尊厳とその本質的平等を根底とし、個人を社会の責任ある協力的成員たらしめようとする独立自尊主義的新教育の宣言」として修身要領が発表されたのは、普通科三年生の時だったという。友人同士で「自尊党」なるグループを作り、修身要領の各条項について「幼稚な批判的議論」を交わした高橋は当時、「新時代の嚮導者福沢諭吉によって創設され、指導された慶應義塾は、いつのまにやら、いちばん時代に後れた学校になってしまった」と感じており、学生の機関誌を発行して「義塾革新の機運を煽った」と語っている。

富田正文も福沢についての論考を発表し続け、『三田評論』第七二〇号（一九七二年一一月）には「福沢諭吉と大隈重信」を寄せて、大隈没後五〇年に際し、大隈と福沢の生涯や出会いについて述べた上で、慶應義塾の経営立て直しのために福沢が取り組んだ慶應義塾資金借用運動や、明治一四年の政変における両者の関係、特に政変によって「同じ船に乗り合わして覆没し、危うく溺れるところを辛うじて生命を完うすることができたというわけで、この二人がこれによってますます親密の度を深めることになった」と述べ、福沢はその後も大隈の政治家としての復活を期待し続けたとしている。

同誌第七三六号（一九七四年四月）で富田は「福沢研究と私」と題して、自らの福沢研究の軌跡を回顧し、関東大震災直後に福沢先生伝記編纂所の助手として採用され、石河幹明の手伝いをしたこと、石河から教えられた福沢門下生のもとを訪ねて談話を聴き取ったこと、吉野作造等が組織していた明治文化研究会に参加したことなどを振り返っている。その上で、『福沢諭吉伝』と『続福沢全集』の刊行後も慶應義塾に残り、「福沢先生に関する文献や遺墨が出て来ると、彼は全集や伝記の編集をしたことがあるからといって、必ずといってよいくらいにわたしの目を経ることに」なり、「塾内で何となく福沢資料の掛のような形」になったこと、などについて記し、「本格的な福沢研究の業績は、わたしなどの提供した素材を料理して、それぞれの専門分野の学識のフィルターを通して、成し遂げられねばならないと思う」と述べている。

資料管理にあたる自負と福沢研究への期待とともに、資料を十分に踏まえないまま福沢研究が進んでいることへの違和感が垣間見えるが、富田自身、資料に基づく実証的な福沢研究の成果として、『三田評論』第七八一号（一九七八年五月）から「考証・福沢諭吉」の連載をはじめ、のちに単行本としてまとめられることになる。

†羽仁五郎と岡義武

懐古趣味的色彩を帯びた福沢論は、長らく福沢研究に取り組んできた慶應義塾外の研究者にも見て取ることができる。例えば羽仁五郎は、『文藝春秋』第五四巻第六号（一九七六年六月）で「一流の思想家――福沢諭吉がいつまでたっても古くならないのはなぜか」と題して語り、一九三三年に治安維持法容疑で逮捕され、獄中から出てきて生きていく方向性に迷いながら読書に励んでいたとき、「結局ぼくに再び方向を与えたくれた最大のものは福沢諭吉」であったと回顧している。羽仁の少年時代には、「拝金主義」「西洋かぶれ」といった印象が強かったが、三木清からの勧めがあって、福沢研究に取り組むことになり、福沢を読むにいたった。

原則がなく、時代によって発言が変わる人物を信用できないという羽仁は、「福沢諭吉は独立自尊という立派な原則がある」として、「真の歴史は、国民の独立自由の思想というものを基準におかなければならん。これは福沢が原則を歴史に適用した例ですね」と述べ、福沢が「女性にも独立自尊を適用している」点を評価し、「最後は人民の独立自尊、百姓、町民の独立自尊を主張している。……独立自由という思想が戦争と平和の問題にも適用されている」と論じた。羽仁は、「脱亜論」についても、「アジアにおける封建制度も親の敵」という福沢思想のあらわれであり、福沢を「現実の苦しみの上に立ってものを考える思想家」と位置付けた。かつての福沢批判の側面は、影を潜めている。

この頃、福沢の人生観に目を向けたのが岡義武である。『日本学士院紀要』特別号(一九七九年三月)に掲載された「福沢諭吉――その人間的一側面について」で岡は、人は人生をいかなるものとして理解し、その一生をいかに生きるべきか、という問いを立て、福沢は「一種の無常感」に立っていたが、宗教に傾倒することはなかった、と述べている。「寂寥感は彼にとってひたすら堪え忍ばるべきもの、あくまで克服さるべきもの」であり、「人生に対する態度、世に処する途について寂寥を孤独を孤高を覚悟し、敢えてこれらに堪えて生きねばならないという信念を堅持した福沢は、きわめて逞しい性格の持ち主であったといわねばならない」。他方で福沢は、家族に対する情愛に厚く、寂寥感や孤独に立ち向かった福沢は、その「慰め」を「子女へのこの上なくふかいその愛にもとめていたのではないであろうか」とする岡は、情愛と寂寥、孤独、孤高とを不可分の精神的態度として位置付けている。

†追及される「脱亜論」

福沢批判に目を向けると、やはり焦点となったのは「脱亜論」であった。『現代の眼』

第一八巻第九号（一九七七年九月）で「明治ナショナリズムと脱亜論」と題して評論家の菅孝行と対談した評論家の松本健一は、「アジアが欧米帝国主義列強に囲まれているという危機感」から、アジア連帯主義的な心情が生まれたが、「極論すれば、ある意味では脱亜論でさえもアジア主義的な色彩を帯びている」と評し、そこには「中国の次に日本が滅ぼされるという危機感」があったと語っている。

遠山茂樹

福沢は「紙の上で思想形成した思想家」であったため、「脱亜ということをストレートに押し出せた」が、同時代の政治家は逡巡していた、と松本はいう。こうした逡巡があった明治から、昭和期になると「主体的な制御」がきかなくなり、結果として「明治ナショナリズムの一種の落とし穴というのは、大東亜戦争で負けるというところまでいかなくちゃおさまりがつかない」ことになったとされる。

遠山茂樹も一九七〇年に刊行した『福沢諭吉——思想と政治との関連』（東京大学出版会）において、福沢の『通俗国権論』と『通俗民権論』に触れて、「民権も伸張するはずという必然論と、すでに民権は発達しているという現状論とをすりかえることで、国権のための官民調和、その結果あるいは手段としての官民調和による民権の実現という構想を成り立たせた」とした上で、『時事小言』にいたって「国会論はまったく国権論に従属する形」となり、「国権擁護のための中国進出が唱えられ」たという。さらに壬午事変と清仏戦争を経て、「福沢のアジア侵略への衝動は加速度的に強ま」り、日本の進むべき進路は帝国主義陣営に加わって侵略者となるほかないと判断し、「脱亜論」へと接続した。遠山は「脱亜論」について、「西洋文明東漸」の勢いを止めることはできず、その蔓延を助けるために「帝国主義への適応に積極的姿勢をとった」ものだと述べつつ、「それ以外に日本の独立発展がないこと、そうした現実追従の諦念が流れていたことを看過することはできない」と説明している。

日本共産党中央委員会理論政治誌『前衛』第四巻三五三号（一九七三年四月）に掲載された「福沢諭吉」で遠山は、福沢は維新に際して「一小民」になるつもりだと書いたが、「人民の一人」だと自己規定していたわけではなく、「人民を教育し人民を指導する」学者を自負していたとする。福沢は政府権限の縮小と官尊民卑の打破を訴え、個人における自由・平等・独立を主張したが、国家間には貧富強弱の格差が存在し、国際政治の世界では大国・強国の圧迫と不正が横行しており、日本の独立も危ぶまれていた。これが、「内の交際は軽小《ママ》で外の交際は重大だという対外問題優先の思想」に帰結したと遠山は指摘し、

「福沢は人民の立場に立ってはいなかった。……かれの農民論・貧民論が、かれらしからぬ論理の不明確さであり、精彩のない結論であるのも、問題を解決する方策をもたなかったからでもあるが、そもそもこの問題に真向からとりくもうとしなかった思想の性格に基づいていた」と批判する。

福沢は日本が選ぶべき第一の道として「文明国すなわち帝国主義国の陣営に加わって侵略者となるほかない」と考え、これが「有名な『脱亜論』となり、ついに一八九四年日清戦争を、文明と野蛮の戦、『文明の義戦』と讃美し、その戦勝をもって、自分一生の宿志は達成されたと感泣した。……かれは明治政府の軍国主義的政策を先導し煽動する役割を果たした」と遠山は述べている。

鹿野政直は一九七二年に刊行した『日本近代化の思想』(研究社叢書)で「大国化へのルビコン・朝鮮――脱亜と興亜」と題する一項を設け、福沢による朝鮮開化派支援の経緯を記した上で、「積極的な朝鮮政策」への出発点は『時事小言』だったと述べ、国内を安定させて対外的な競争に勝ち抜くべきという内安外競論は「民権運動への敵対心をもち、人心を民権から官民調和へ向けようとしてとなえられてきた」と主張する。壬午事変を経て、文明開化の時代に有していた「公理の感覚」を失った福沢は、「文明への福音をふりかざしての支配への路線」へと梶を切り、「脱亜論」を発表する。鹿野は、次のようにこの項を結んだ。「脱亜論は、日本の列強クラブへの加入を推進し、西欧列強とアジアことに中国の分割支配をすすめるイデオロギーとなってゆく。他方で興亜論は、いわゆる大アジア主義と化し、日本によるアジアの独占支配をめざすイデオロギーとなってゆく。文明の摂取→大国化への志向は、ついに公理の思想を根絶やしにするのであるか」。

安川寿之輔は一九七〇年、『福沢諭吉の教育思想』などを基礎に『日本近代教育の思想構造──福沢諭吉の教育思想研究』(新評論)を出版したが、その冒頭で、自らの福沢研究の来歴を語っている。国民学校で「皇国民錬成の教育」を受けて敗戦を迎えた安川は、占領政策によって「これまでそれをこそ真実と教えられてきた教科書に、みずからの手で墨を塗る経験」をし、教育に嘘が多いことを実感して「恐怖」を感じたという。戦後、再び日本の教育に嘘が増えてきたと感じた安川が福沢に接したのは「まったく偶然」だったが、福沢の著作を読み進めると、「そこからえられるかれのイメージは、これまでぼくが、戦後日本の民主教育の中で教えられてきた福沢像と大きなへだたりをもつことを発見」し、福沢研究に没頭したと述べている。

本書で安川が指摘する福沢の問題点は多岐にわたるが、例えば、福沢は「一身独立」の経済的・政治的条件を不問に付したままの不徹底な「民権」論を基礎として、「一国独立」の課題を性急に呼号し、その結果、攻撃的な「富国強兵」論が生まれ、そのナショナリズムが「天皇制ナショナリズム」と「帝国主義的な排外主義ナショナリズム」の方向へ屈折していったとされる。福沢は、帝国主義的国際環境下で「早発的な民族的膨張の道をつきすすむ」日本にとって、「政府のお師匠様」としての役割を積極的に演じ、甲申事変後に「脱亜論」を書いて、「脱亜と侵略の方向を明確にさししめした」。

この延長線上に位置付けられる日清戦争の勝利を土台に産業革命が進行すると、福沢は工場法の制定に反対し、一貫して「労働者「階級」の一割をしめていたほとんど無教育の工場労働児童たちの教育を拒否した」と安川は指摘し、福沢における「原則」の存在を強調した羽仁五郎や丸山眞男、さらに福沢に一定の評価を加えた遠山茂樹や家永三郎も批判して、「福沢は教育思想家というよりも、むしろ教育実践者、あるいは、つねに〈富国強兵〉の達成というみずからの「経世」論をわすれなかったといういみで、教育経世家とよんでみたい」と提唱している。遠山や家永が「近代精神」や「新鮮な考え方」、「自主自由の精神」、「日本国民抵抗の精神」といった点から福沢を評価していたのは、すでにみた通りであり、その意味で、安川の福沢批判は徹底的であった。

†ひろたまさきの批判と整理

これまで福沢批判を展開してきたひろたまさきは、『思想』第一〇巻第五八〇号（一九七二年一〇月）の「福沢諭吉における第三の転回」で、福沢が明治政府を文明開化の主導者と見做し、政府の開化政策に抵抗する民衆に苛立って次第に「啓蒙」意識を失っていき、文明改革の担い手として士族に期待するようになっていく過程を「第二の転回」と表現し、この時期の福沢は「租税収奪による国庫強化のもと政府の資本投下を迫り、士族授産を熱烈に要求」し、壬午事変・甲申事変を契機に「政府を凌ぐ激しい朝鮮侵略論を展開」したという。「第三の転回」は一八九一年の「貧富論」に明快に示されており、「政商大資本を中核とする少数大資本をもって自らの立場となし、独占資本的なイメージを先取りして、そこから「富国強兵」を構想するにいたった」。「下流貧民」に対する態度は冷淡で、「露骨な民衆慰撫策」を唱えたとして、ひろたは「実学精神の栄光は、ここに決定的な転回と堕落をもつこととなった」と指摘している。「独立自尊」も、大資本が「自利」を守る手段として「他利」を施すという偽善にほかならならず、経済の勝者が全人格的にも勝者たることの表現であったと批判した。

一九七六年に刊行された『福沢諭吉研究』（東京大学出版会）でひろたは、丸山眞男の福沢研究について、「どれをとっても珠玉の輝きを放っているが、あまりに丸山自身の問題意識を福沢に仮託しすぎるがため、しばしば歴史から超出した福沢像を提示することになっている」と批判し、福沢が幕府の倒壊によって立身出世的志向を放棄し、慶應義塾の経営と翻訳・著述・出版による経済的自立の形成と、青年時代の原体験の蘇生によって、「第一の転回」を遂げた、とする。青年時代の福沢は、権力の庇護を意識せず、「一身独立」「仲間社会」「実力主義」という原体験を積み、それが転回を生んで「啓蒙主義者」福沢が形成された、とされる。

「第二の転回」と「第三の転回」については、すでに触れた通りだが、この「あとがき」で、ひろたは自らの福沢研究の来歴を語っている。太平洋戦争期に少年航空兵を夢見ていたというひろたは、敗戦後、「戦後民主主義の落とし子としての自意識を形成」していき、当時「民主主義の象徴として強烈な印象をもって出発した」福沢と出会うことになった。ひろたはキリスト教的なヒューマニズムの影響で内面に沈潜し、大学でマルクス主義にも接する中で、「次第に福沢的なるものへの違和感をはぐくんでいた」という。服部之総の福沢論を突き詰めるなかで丸山批判を試みるようになり、大学院で一年先輩の安丸良夫から「圧倒的な影響」を受け、色川大吉からも厳しい批判を受けながら、福沢論を構築してきたと述べている。

ひろたは同年に朝日新聞社から評伝『福沢諭吉』を出した。福沢が「内安外競」を唱えた『時事小言』において、「天賦人権論を捨て、「権道」的現実主義の立場に立つことを公然と宣言」したとするひろたは、その立場を「国内における官民調和論と国際社会における優勝劣敗の論理とが緊密に結合した国権主義」と表現し、壬午事変を契機として福沢は朝鮮問題を「外競」の最大の課題として掲げ、そこから「脱亜論」へと一直線に突き進んだと評している。「「脱亜入欧」つまりは「欧化亜侵」のこの露骨な主張は、一直線に日清戦争へとつながっていきます」と「脱亜論」を解説するひろたは、その表明の背後に、甲中事変でのクーデターに敗れた「朝鮮開化派に対する絶望があった」とみている。福沢は自らの独立に確信を抱き、その独立を支えるべき「下流人民」を切り捨て、朝鮮民衆の可能性を無視して、これを踏み台に日本の資本主義化を促進しようとした、とひろたの批判は手厳しい。

ひろたは『日本史研究』第一二二号(一九七一年一一月)に寄せた「最近の福沢諭吉研究について——遠山茂樹・安川寿之輔の成果を中心に」において、これまでの福沢研究史を概括し、敗戦直後の福沢論の「爆発」を「民主的諸改革と戦後民主主義の昂揚の中で、日本民主化の元祖として福沢諭吉が思いかえされた」とし、一九五〇年代に入って遠山茂樹や服部之総、家永三郎、鹿野政直などよる福沢批判が昂揚したのは「レッド・パージ、朝鮮戦争など一連の事態が、アメリカ占領軍への幻想を砕き、反動と戦争への危機感がたかまるとともに、第一段階への反省が出て」きた結果であると評した。そして、六〇年安保の結果、「民主諸勢力の分裂と混迷を深刻化し、戦後民主主義の形骸化が権力による国家主義的現象の跳梁とともに強く意識されはじめる六〇年代」には、「近代化」論の代表者であるライシャワーや、小泉信三、松本三之介による福沢に対する肯定的主張があらわれ、丸山眞男の系譜に「福沢に民主主義と主体性の原点をみる」姿勢をひろたは読み取っている。自らの福沢論は、「これらの動向とは別に福沢と民衆との関連が問題とされはじめた」「『民衆の視座』から福沢をとらえかえそうとする新しい努力」の文脈に位置付けた。安川については、「その福沢批判の徹底性」のため、「全ての福沢論から」区別している。

†「脱亜論」の位置

一方で、福沢が「脱亜論」を書いた当時にあって、それはどう位置付けられるのか、本格的な学問的検討も試みられていた。慶應義塾新聞研究所所員の青木功一は、同研究所の『新聞研究所年報』第一〇号（一九七八年二月）に「『脱亜論』の源流——「時事新報」創刊年に至る福沢諭吉のアジア観と欧米観」と題する論文を寄せ、「脱亜論」を「第二次大戦後三十余年の間、論者によって常に引用され、問題視され続けてきた」と捉え、これを「アジア侵略」を意味するものと受けとるのは無理からぬことだとしつつ、「当時の日本に関して、福沢が現実的な意味での侵略思想を政策として掲げていたとは到底考えられない」が、福沢の強烈な個性は弱肉強食の時代で負け犬になることも決して肯じ得なかったとし、『文明論之概略』以降の福沢のアジア観と欧米観の変化について分析している。

欧米による侵略の脅威を強調し続けた福沢は、一時的にはアジア諸国の連帯を目指したが、壬午軍乱を経てそのアジア観を変貌させ、中国が外国人の手に落ちるのであれば、日本も傍観はできず、「中原」に「鹿」を追うのみであると述べるにいたり、「脱亜論」の骨子が『時事新報』創刊年にほとんど完成をみていた、と青木は論じた。欧米列強と中国によって日本が二重の脅威を受けるなか、「独立確保に関して、一切の制約をもたない」というのが「脱亜論」の本旨だったのではないか、と青木は評している。

西南学院大学の西尾陽太郎は、『西南学院大学　文理論集』第二〇巻第一号（一九七九年八月）に「福沢諭吉「脱亜論」成立の周辺」を掲載し、「脱亜論」は「当時のアジア外交に対する政府の基本的姿勢（本音）をかれが先取りして表明したものだと考える」とした上で、この頃には民間で「興亜思想」が展開されていたが、政府内では井上毅が、東洋の大勢を保全して日本の安全を維持するためにはロシアの朝鮮占領を防ぎ、朝鮮の独立を保護すべきだと述べており、その点で福沢と井上の意向は符合していたと指摘している。西尾は、福沢は『時事小言』において「民権的啓蒙」を放棄して「国権論」を掲げるにいたり、そこでの議論が、甲申事変における挫折と清仏戦争における清の敗北を経て、「脱亜論」に発展していったと論じ、「「不偏不党」を標榜しながら、かれの声をかかげることによって、国民を官の方へ調和させ「政権」を強化するところに、大きな作為と効果があった」と結論している。

日本政治思想史研究者で明治大学政治経済学部教授の橋川文三は、一九七三年に出版した『順逆の思想――脱亜論以後』(勁草書房)で、「脱亜論」を含めた福沢の中国批判について、「一面では明治十四年頃から国内において進行しつつあった儒教主義復活への不満感によって増幅され、他方では明治十五年の壬午兵乱、同十七年の甲申事変と連続する韓国における危機感によって二乗化された決断の意味をもった」と述べ、朝鮮問題への福沢の関わりについて詳述した上で、「旧文明からの離脱を方針」としていた福沢が、いかなる無理が生じようとも、「旧文明のシンボルたる中国・韓国との伝統的関係を清算せよというのが「脱亜論」の真意であった」と論じている。日本国内に「古いアジア」が残存し、再生しようとしていることを認知していたため、一層強硬に「脱亜」を宣伝せずにはいられなかった、というのが橋川の理解であり、後世の「安易な中国蔑視論の模範ではなかった」と強調している。

慶應義塾塾史資料室長の会田倉吉は、一九七四年に吉川弘文館の人物叢書シリーズとして『福沢諭吉』を刊行し、「近年よく話題にされている」論説として「脱亜論」を取り上げ、その「真意」は、日本の隣国である中国・朝鮮がすみやかに近代化することを求め、それが叶わなければ「今後はもう行を共にしえない」という点にあり、福沢はこれより前から朝鮮の独立に熱意を示してこれを支援し、開化派から頼りにされていたと強調している。

同年には、財団法人福沢諭吉協会の機関誌『福沢諭吉年鑑』が創刊され、その第一号には、国文学者の池田弥三郎や経済学者の飯田鼎《いいだかなえ》、英語学者の高梨健吉、伊藤正雄、会田倉吉などが福沢研究論文を寄せており、以後、同誌は福沢研究の重要な学術的発信源となっていく。

この第一号に「福沢諭吉と自由民権運動――その民権論と国権論をめぐって」を寄せた慶應義塾大学経済学部教授の飯田は、「福沢がもし、イギリス自由主義のわが国における古典的継承者であったとすれば、彼の明治十年代後期から二十年代初頭にかけてあらわれてくる国権論への傾斜を、どのように理解すべきであろうか」と問う。飯田は、福沢は維新政府を「専制政府」とは捉えておらず、封建的身分制度を破棄した点を評価し、自由民権運動に「不平士族の権力慾」を垣間見て、これを批判して官民調和を訴えたが、その「背後には、民族独立を失い植民地化されつゝあった中国および朝鮮の実情」があったとする。民権運動の激化によって政府が打倒されて国内が混乱し、外国から蔑視されて「民族的不幸」が発生すると福沢は考えた。

民権運動の民権論は「国権の伸張に役立たぬ限り、拒否されるべきものであった」とする飯田は、民権運動の背景にある「小作人や小生産者の窮状」を「傍観」した福沢を批判しつつ、弱小国である日本が当時、「民族的独立の危機」にあった点を強調している。「脱亜論」には言及していないものの、経済史研究に基づく福沢の民権運動観から、その対外論を考察しようと試みたものであった。

こうした中、一九七七年に日本政治史研究者で東京大学社会科学研究所助教授の坂野潤治《ばんのじゅんじ》が『明治・思想の実像』(創文社〔『近代日本とアジア——明治・思想の実像』ちくま学芸文庫、二〇一三年〕)を刊行し、朝鮮を日本が文明化すべきだとした福沢の「朝鮮改造論」について論じ、壬午事変を受けて朝鮮に「永続的な立脚点」を構築しようと主張した福沢は、そのために日本軍を駐屯させて「国務監督官」を設置し、軍事力で親日勢力を政権に就かせようとしたとする。清仏戦争で中国が敗北すると、日本に「朝鮮改造の好機」が訪れたが、親日派勢力によるクーデター、甲申事変は失敗に帰した。福沢は自らの朝鮮改造論、さらには朝鮮に対する「親愛」を放棄せざるを得なくなり、「脱亜」を余儀なくされる。「脱亜論」は「支那・朝鮮」からの「脱亜」を語ったものであり、福沢の対外論は朝鮮改造論当時の方がはるかに「侵略的」であったとされる。坂野は、これまでの「脱亜論」理解が、「言葉」を史料批判せずに信じ、その思想的意味を論議してきたと批判して、「福沢の「脱亜論」は彼が朝鮮改造論を最終的に放棄したという宣言に過ぎず、それ故に福沢はそれ以後日清戦争の勃発にいたるまでの間、むしろ朝鮮進出論を放棄したのである」と結論している。これが、脱亜論の通説的な解釈として、今日まで継承されていくことになる。

終　章

一万円札の肖像へ

福沢諭吉肖像(慶應義塾福澤研究センター提供)

†『福沢諭吉選集』解説

一九八〇年（昭和五五年）から翌年にかけて、富田正文・土橋俊一編『福沢諭吉選集』全一四巻が岩波書店から刊行される。このうち、「脱亜論」を含む福沢の対外論を集めた第七巻に解説を寄せたのが、坂野潤治であった。坂野は、「明治十年代の福沢の対外論は、思想家福沢諭吉の評価をおとしめるためには絶交の素材である」として、福沢の国内政治論に原理を見出した丸山眞男ですら、「福沢の国際政治論についてはは同様の基底的原理の一貫性が存在してないことを認めている」と一九五二年版『選集』第四巻の解題を引く。

坂野は、これまで自然法的世界観から弱肉強食的世界観へ、民権から国権への転換を示す著作として位置付けられてきた『通俗国権論』について、「福沢の関心は殖産興業と輸入超過の矛盾という西南戦争後の日本経済が直面していた難問を国民に説くことにあった」と解説し、こうした主張は明治政府主流の内地優先＝殖産興業派の状況認識と軌を一にするものであるとして、従来の福沢研究が「華麗な殺し文句」が並ぶ序章や終章に目を奪われ、日本近代史研究自体が、「福沢がもっていたのと同程度の状況構造の認識をもつにいたっていなかった」と批判する。『時事小言』で福沢が国家財政の困窮を国民自ら負担するよう求め、「朝鮮進出論」が登場したのも、殖産興業政策論と立憲制への漸進的移行論が行き詰まったためではないかと問題提起し、その朝鮮論も朝鮮国内における開化派の地位の浮沈に左右されており、「脱亜論」は開化派を援助して近代化政策を追求しようとする「福沢の主張の敗北宣言にすぎない」と述べた。

この『時事小言』を含む国内政治論を収めた第五巻の解説を書いたのは、東京大学教養学部助教授で歴史学者の鳥海靖である。鳥海は、福沢が士族の指導的役割に積極的な評価を加えていた点に着目し、『分権論』で地方自治を唱え、地方に分権された「治権」の運用に士族をあたらせることで、そのエネルギーを活用しようとしたとして、この方向性は府県会規則を制定して府県会を創設した「時宜」に適うものだった、と評する。福沢はさらに『国会論』、『時事小言』と執筆を進めていくが、鳥海は福沢の国会開設要求が内地優先＝殖産興業の行き詰まりと、増税による政策転換を国民に納得させるために主張したとする第七巻の坂野による解説に言及し、これは「「状況主義」的にすぎる嫌いがある」と評して、福沢の国会論がそれ以前の主張と連続している点を重視した。福沢の国会構想は、明治一四年の政変で画餅に帰することになったとされる。

士族の精神という意味では、これを強調した『瘠我慢の説』『明治十年丁丑公論』などを収録した第一二巻で、東京大学法学部教授となっていた松本三之介が解説を書いている。松本は、『瘠我慢の説』に対する徳富蘇峰の批判に触れて、「たしかに福沢はナショナリストであった」が、同時に「「私」の思想家でもあった」と論じ、「私」との緊張関係を持たない「公」への依存を甘えとする姿勢を、福沢は一貫して維持したと述べている。福沢は「公」について、「私」に優る意味を与えておらず、価値意識においても政治的価値が相対的に低く、学者職分論争で学者が「私」の立場にあるべきだと唱えたのも、その一環であるという。福沢において、「公」はあくまで「私」の上に形成されたものであり、「私」は「公」に先行しなければならなかった。福沢が士族に着目したのも、「国事」のために命をなげうつ政治的使命感の故だったが、その士族を先駆とする人民の「気力」や「智力」を基礎とした文明化と国家の独立が、大きな思想課題であったとされる。

†福沢研究の活性化

これらに触発されるように、慶應義塾関係者の福沢研究も活性化していく。

一九八〇年二月、日本政治思想史研究者の安西敏三は慶應義塾大学法学研究会の『法学研究』第五三巻第二号に「福沢諭吉における西欧政治思想の摂取とその展開とに関する一考察——普遍的人権の原理を中心に」を発表し、福沢自身が読み、書き込みを入れた手沢本などを用いて、福沢が西洋思想から受けた影響を、基本的人権の観点から解明しようと試みた。福沢におけるロックやJ・S・ミル、ギゾーなどの影響を詳細に分析した安西は、

「普遍的人権の権利＝市民的自由の問題、市民的自由権の問題＝政治的自由の問題、普遍的国民権の原理＝国民的自由の問題、これら三者をトータルに把握することによつて始めて、福沢による新しい世界における政治についての新しい科学の樹立をみてとることができよう」と結論し、福沢がトクヴィルの『アメリカのデモクラシー』手沢本に赤い不審紙を付した点に注意を喚起している。慶應義塾大学大学院法学研究科在籍中の一九七〇年代の終わりから、こうした福沢研究に取り組みはじめた安西は、実証史学的手法から福沢研究に新しい風を吹き込んでいくことになる。

翌年一〇月、慶應義塾大学商学部教授の西川俊作が、『三田商学研究』第二四巻第四号に「西南戦後インフレ期における慶應義塾と福沢諭吉」を寄せ、西南戦争後のインフレで経営危機に陥った慶應義塾と、これを受けた福沢が、どのような対応策をとったかについて、入社・在籍者数や収入、学生納付金、教員給与といった数値データを駆使して明らかにし、福沢が『通貨論』を執筆した背景についても物価指数や洋銀相場を示しながら検討を加えて、「福沢が、インフレの諸相、およびその沈静に独自の見解を固めつつあったこと」を、データと理論によって裏付けた。西川もまた、この頃から福沢の経済史的研究に従事しはじめ、以後の福沢研究の重要な一翼を担っていく。

この間、一九八〇年に青木功一が慶應義塾大学新聞研究所研究員から横浜市立大学講師に転じたが、同年七月に死去した。その遺稿「福沢諭吉の朝鮮論」(『横浜市立大学論叢 人文科学系列』第三二巻第一号、一九八一年五月)は、『文明論之概略』以降の福沢のアジア論を考察し、そのアジアへの態度は「初めから冷たいものであった。……日本の独立確保に役立たせるために、中国・朝鮮を開化に導びき、その目的に達したならば、両国と同盟することを欲した」とする。

青木は『時事新報』創刊以降の朝鮮論を、その紙面に沿って検討し、壬午軍乱を受けた福沢が「民族の自発的意志を無視」したために、「福沢の主張と朝鮮との現実とを事々に背馳させる」結果が生じたとした上で、甲申事変によって開化派支援に挫折し、朝鮮を文明化することで列強の侵略に備えようとする構想が頓挫した福沢が「脱亜論」を書いたが、その内容は従来の朝鮮論に比べて新味はなく、同盟方針を解消して西洋列強にならって中国・朝鮮に対応し、二国が亡国となった後、列強と行動をともにして独立を確保するというもので、「福沢が、自国が欧州列強に対して独立を確保できるか否かという際に、日本の取り得る一条の活路を差し示した道として、特に異常なものとは言えないであろう」と解説している。

『福沢諭吉全集』収録分の『時事新報』社説に止まらず、同紙の紙面に立ち戻って時系列に社説を分析し、「脱亜論」も相対化していく青木の学問的遺産は、その後も貴重な成果として、福沢研究者に継承されていくことになる。

†紙幣肖像への道

「脱亜論」について、戦前や占領検閲期に論じたものが存在しないことは、すでに第四章まででみてきた通りである。戦前に韓国併合の先駆者、国権論者・国家主義者として福沢が強調された頃でさえ、福沢論者がこれに言及することはなかった。一九五一年に「発見」されたそれは、日本の大陸侵略のイデオロギーとして喧伝され、この頃にはその評価を定着させるとともに、福沢が記した背景や意図についての分析が深まり、『時事新報』の他の社説や福沢思想全体のなかでの位置付けも、明確になりつつあった。福沢没後から継承されてきた懐古趣味的な福沢肯定論と左派イデオロギーに裏打ちされた福沢批判、史料に基づく実証的な福沢研究、そして思想史的・哲学的な福沢研究との溝は、依然として深いままだが、四者がともに「脱亜論」に目を向けざるを得なくなり、通説的な解釈が登場することで、福沢の「光」と「闇」についてのコンセンサスが形成される可能性も胚胎していた。

そんな中の一九八一年七月七日、大蔵大臣の渡部美智雄が記者会見で、三年後に一万円、五千円、千円を改刷して発行することを発表した。すでにこの二年前から、大蔵省理財局・印刷局、日本銀行発券局の事務方で肖像の人選が進められていたが、選定段階では、それまでの例にならって、聖徳太子や伊藤博文、尾崎行雄、大隈重信、原敬、明治天皇といった「政治家」を用いる案と、正岡子規や森鷗外、岡倉天心、野口英世、福沢諭吉、夏目漱石、樋口一葉、新渡戸稲造といった「文化人」を採用する案とが検討されたという。非公式のアンケート調査では、政治家が一一%に対して、文化人が三七%の支持を集め、ロッキード事件などの政治スキャンダルもあって政治家が敬遠され、文化人の採用にいたったといわれている。

贋造防止対策上、精密な肖像写真が残っている必要があり、そのためにも写真技術が普及した明治以降の人物に絞られることとなり、凹刻彫刻にふさわしい輪郭や特徴、陰影があること、特定の人物と識別しやすいこと、国民に広く知られ、国際的な知名度も高いことも必要な条件で、これらを満たした人物として、一万円が福沢、五千円が新渡戸稲造、千円が夏目漱石となった。『読売新聞』(一九八一年七月七日付夕刊)は一面に「お札、デザイン一新」との見出しを掲げ、三名の肖像が載った新紙幣の写真(見本)と会見の内容を大きく伝えている。日本銀行法第三三条は銀行券の種類・様式は主務大臣が定めて公示する、と規定していたので、最終決定したのは蔵相だが、福沢が「啓蒙思想家」として欧米文化を日本に紹介し、教育に尽力して慶應義塾を創設したことなどが、特に評価されたようである。

大蔵省印刷局工芸官として改刷作業の責任者の一人を務めた笠野常雄は、「新紙幣を実際に制作する私たちの作業は、実は七九年には始まっていた。その年の秋に、福沢氏について取材するため、慶応大学の塾史資料室に通い始めている。それから何度となく資料室に足を運んだ」と回想している。「思想調査」のためではなかったようで、「お札の肖像を彫るために、なぜそんなに何度も慶応大学に通うのかというと、お札の肖像というのは写真を前にして、いきなり彫ればいいというものではないからだ」と笠野は述べ、写真の選定とデザインを検討するのが目的だったという。この段階では大隈や樋口、森、渋沢栄一、坪内逍遥、紫式部などについても調査しており、最終的に決めたのは「本省」であった(笠野常雄「新紙幣誕生の裏話」『エコノミスト』第六二巻第一一号、一九八四年三月一九日)。

三和銀行が主婦一二〇〇人を対象に行ったアンケートでは、最も「親近感が深い」のは福沢で四九・二%、次が漱石で三六・二%、新渡戸は三・一%に止まっている(「新札大研究」『サンデー毎日』第六三巻第四一号、一九八四年九月一六日)。

†「文化人」の象徴

福沢が「文化人」の象徴となり得た理由は、何か。戦前の国権論・国家主義的福沢論や占領期の民主主義者・自由主義者といった、時勢を濃厚に反映した福沢論は、すでに後景に退きつつあり、他方で、この頃の福沢論を席巻していた「脱亜論」的解釈や労働者に冷淡な姿勢は、福沢の「闇」の面を浮き彫りにしていた。思想史的・哲学的な福沢論もまた、左派イデオロギー的立場からの攻撃にさらされ、実証主義歴史学的な福沢論も本格化しているが、まだ体系的な福沢像を構築できているとはいえない。

では、福沢の「光」の側面が完全に消え去ったかといえば、そうともいい切れない。福沢が欧米文化の紹介や教育に果たした役割は、「光」の側面における最大公約数的なコンセンサスとしてほとんどの論者に共有されており、何より、慶應義塾の存在や『学問のすゝめ』初編の冒頭の文章などを通して、国民一般に深く根付いていた。福沢批判の代表的論客であったひろたも、次のように記している。「福沢諭吉の思想家としての出発は『学問のすゝめ』初編にあります。『学問のすゝめ』初編こそ、彼自身の人生のテーマをはじめて高らかに謳いあげた作品であり、その主張が社会の要請と合致し、彼を啓蒙思想家として「時代の人」たらしめたのでした」(『福沢諭吉』)。

大蔵省・日銀が文化人を代表して福沢を一万円札の肖像に選んだのは、こうした福沢理解の共有と浸透の証左であり、その肖像が広まることで、変貌を続けてきた福沢像が、少なくとも紙幣利用者一般の間では、一つの着地点を見出していくことになる。それが、丸山眞男が「我らは誉められること少なく、読まるゝること多きを望む」と示唆した福沢からのメッセージに応えるものとなっていったのかは、一万円札の肖像が渋沢栄一に更新され、「文化人」としての拘束から解き放たれる今、改めて問い直されなければなるまい。

あとがき

福沢諭吉のイメージ形成史を書いてほしい、といったお話を、ちくま新書編集部の小船井健一郎氏から頂戴したのは、一〇年以上前のことになる。いずれ落ち着いたら、などと曖昧な返事をしてしまい、その後筆者は、福沢自身の政治思想などについて本や論文を書いてきた。平成が終わりを迎えようとする二〇一八年一一月に『小泉信三――天皇の師として、自由主義者として』(中公新書)を上梓し、そこで十分に論じきれなかった小泉の福沢論について論文をまとめたのが、二〇二〇年五月のことである。

そうした拙著や拙稿を丹念に読んでくださった、ちくま新書編集部の松田健編集長から、改めて本書の執筆を依頼され、本格的に資料の収集をはじめた。福沢について論じたものは、知識人が総合雑誌や学術誌に書いたものに限定しても、膨大な数に上る。福沢像の形成において重要な意義を持ったと思われる論考を中心に集め、それらを読み込みながら本書の執筆に取り組んだ。筆者は二〇二三年四月から一年間、勤務先の慶應義塾大学からサバティカルを頂戴し、東京大学大学院法学政治学研究科で研究に取り組むことになったため、本書の多くは東大本郷の共同研究室、慶應三田の研究室、そして自宅書斎で執筆したものである。

利用した資料のほとんどは、国立国会図書館、慶應義塾図書館・福沢研究センター、東京大学総合図書館・法学部研究室図書室で収集したが、法学部研究室図書室の福沢コーナーには『文明論之概略』の和装本から戦後の福沢全集まで、整然と並べられており、丸山眞男以来の学問的伝統が感じられた。福沢存命期の福沢批判については、東京大学大学院法学政治学研究科附属近代日本法政史料センター明治新聞雑誌文庫の所蔵資料に負うところが大きい。同文庫が一九二七年に創設されて以降、事務主任を務めた宮武外骨は生前、「福沢攻撃全集」なる書籍を編纂する計画を立て、福沢生前の新聞・雑誌から、福沢を批判した記事を収集したが、未完に終わった。現在、同文庫には「福沢攻撃全集資料」と題されたシリーズとして、この収集記事がまとめられており、筆者はこれらを利用して、福沢の同時代人が福沢をどう批判したか、主要な論争を軸に検討することを得た。

福沢が生きていた時代、死去したとき、没後の戦前、占領期、そして独立後と、本書は大きく五章で構成されているが、福沢論の分布は均等ではない。福沢存命期、福沢は西周や加藤弘之、中村正直のような同世代の知識人よりも、徳富蘇峰や内村鑑三、幸徳秋水といった若い青年知識人から挑戦を受けた。福沢は反論しないのが基本的姿勢なので、論争といってもほとんどが福沢とその批判者の意見がそれぞれ一方通行する形で終始するのだが、同じ時代に生きた知識人がどう福沢を捉えたのかは、比較的追いやすい。死去したときには全国の新聞・雑誌に追悼記事が横溢し、占領期にも福沢を再評価する言説があふれ出るが、その間の約四十五年間は、慶應義塾関係者を除いて、福沢を論じる知識人は少なく、そのイメージ自体が霞んでいた。戦後の独立回復頃から、民主化政策と検閲が行われていた時代とは異なる福沢論が、やはり活発に展開されている。本書の射程は、福沢が一万円札の肖像として採用されるまでとしたが、それ以降も福沢研究はさかんであり、筆者自身も大学院生時代の二〇〇一年以降、これに参加してきた。一九八二年以降に展開された福沢論については、稿を改めて論じたいと思う。

本書はサバティカルの恩恵を受けたものであり、慶應義塾の大学特別研究期間適用による特別研究費の成果である。貴重な研究の機会と時間、空間、資金、資料、助言を提供して下さった慶應義塾大学法学部の堤林剣学部長をはじめ、東京大学大学院法学政治学研究科の苅部直教授をはじめとする諸先生、同僚の皆様、そして両大学のスタッフの各位に、厚く御礼申し上げる次第である。本書成立の出発点を形成して下さった小船井氏、そして、編集長の激務のなかで丁寧に刊行まで導いて下さった松田氏にも、心より感謝したい。

福沢にとって東大は、常に目の上のたんこぶのような存在であった。塾を慶應義塾と命名した頃には、東大の前身校のひとつである「開成所を除クトキは」、義塾は江戸で第一等、日本で第一等だと自負する書簡を知人に送っているし、開成学校に講義室が設けられた祝典に招かれた際は、今はもう学問に「官私」の別はなく、私学の自分が官学に招かれたのは官尊民卑の「賤劣鄙怯なる気風を脱したるの証拠」だと力説し、著作では学校はすべて私学にすべきだと主張しながら、長男の一太郎も次男の捨次郎も東大予備門に入れている。帝国大学総長となる門下生の渡辺洪基との関係も大切にした。東大関係者が福沢論の展開において長く、そして重要な役割を演じてきたことは、本書の各所で論じたところである。その東大で本書をまとめ得たことにも、あるいは何か意味があるのかもしれない。

初夏の本郷にて、安田講堂を眺めながら。

二〇二三年六月九日

小川原正道

参考文献

未公刊史料

「福澤攻撃全集資料」（東京大学大学院法学政治学研究科附属近代日本法政史料センター明治新聞雑誌文庫所蔵）

図書

青木功一『福澤諭吉のアジア』（慶應義塾大学出版会、二〇一一年）
安西敏三『福澤諭吉と自由主義――個人・自治・国体』（慶應義塾大学出版会、二〇〇七年）
家永三郎『日本近代思想史研究』（東京大学出版会、一九五三年）
伊藤正雄『福澤諭吉論考』（吉川弘文館、一九六九年）
伊藤正雄編『明治人の観た福澤諭吉』（慶應義塾大学出版会、二〇〇九年）
市村弘正編『論集　福沢諭吉』（平凡社、二〇一七年）
植村峻『紙幣肖像の近現代史』（吉川弘文館、二〇一五年）
占部百太郎編『福澤先生哀悼録』（みすず書房、一九八七年）
小川原正道『小泉信三――天皇の師として、自由主義者として』（中公新書、二〇一八年）
小川原正道『西南戦争と自由民権』（慶應義塾大学出版会、二〇一七年）

小川原正道編『独立のすすめ　福沢諭吉演説集』（講談社学術文庫、二〇二三年）
小川原正道編『日本近現代政治史――幕末から占領期まで』（ミネルヴァ書房、二〇二三年）
小川原正道『日本政教関係史――宗教と政治の一五〇年』（筑摩選書、二〇二三年）
小川原正道『福沢諭吉――「官」との闘い』（文藝春秋、二〇一一年）
小川原正道『福澤諭吉の政治思想』（慶應義塾大学出版会、二〇一二年）
奥田晴樹『立憲政体成立史の研究』（岩田書院、二〇〇四年）
苅部直『光の領国　和辻哲郎』（岩波現代文庫、二〇一〇年）
苅部直『丸山眞男――リベラリストの肖像』（岩波新書、二〇〇六年）
苅部直『歴史という皮膚』（岩波書店、二〇一一年）
清滝仁志『中村菊男――政治の非合理性に挑んだ改革者』（啓文社書房、二〇二三年）
慶應義塾大学福澤先生研究会編『去来有眞――慶應義塾福研・有眞寮史』（慶應義塾大学福澤先生研究会、二〇〇四年）
志村和次郎『徳富蘇峰が観た三人の校祖――福澤諭吉・大隈重信・新島襄』（大学教育出版、二〇一一年）
関口すみ子『国民道徳とジェンダー――福沢諭吉・井上哲次郎・和辻哲郎』（東京大学出版会、二〇〇七年）
高橋文博『近代日本の倫理思想――主従道徳と国家』（思文閣出版、二〇一二年）
中野目徹『明治の青年とナショナリズム――政教社・日本新聞社の群像』（吉川弘文館、二〇一四年）
西川俊作・松崎欣一編『福澤諭吉論の百年』（慶應義塾大学出版会、一九九九年）
西田長寿『明治時代の新聞と雑誌』（至文堂、一九六一年）
長谷川泉『近代日本文学――鑑賞と研究』（明治書院、一九六六年）

坂野潤治『明治デモクラシー』（岩波新書、二〇〇五年）
平石直昭『福澤諭吉と丸山眞男──近現代日本の思想的原点』（北海道大学出版会、二〇二一年）
平山洋『福沢諭吉の真実』（文春新書、二〇〇四年）
福沢諭吉事典編集委員会編『福澤諭吉事典』（慶應義塾、二〇一〇年）
宮川透・中村雄二郎・古田光編『近代日本思想論争──民選議院論争から大衆社会論争まで』（青木書店、一九七一年）
山口輝臣『明治国家と宗教』（東京大学出版会、一九九九年）
丸山信監修『福澤諭吉研究資料集成』同時代編・全四巻（大空社、一九九八年）
丸山眞男著／松沢弘陽編『福沢諭吉の哲学他六編』（岩波文庫、二〇一九年）
柳葉好治『塾監局小史』（慶應義塾職員会、一九六〇年）

論文

赤野孝次「福沢諭吉像の研究史的変遷」（『史苑（立教大学史学会）』第六二巻第二号、二〇〇二年三月）
安西敏三「福沢研究史における伊藤正雄」（『近代日本研究』第二五巻、二〇〇八年一一月）
飯岡秀夫「福沢諭吉と内村鑑三──日本における「内面的個人主義」の二つの源流」上・中・下（『高崎経済大学論集』第三〇巻第一・二・三・四号、第三一巻第一号、一九八七年九月・一九八八年三・六・七月）
家永三郎「福沢諭吉の人と思想」（『現代日本思想大系二　福沢諭吉』筑摩書房、一九六三年）
井ヶ田良治「同志社人物誌八〇　平和と憲法のひと　田畑忍」（『同志社時報』第一〇六号、一九九八年一〇月）

猪木武徳「高橋誠一郎から見た福澤諭吉」(『三田評論』第一一三一号、二〇一〇年二月)
内山正熊「中村菊男君を憶う」(『法学研究（慶應義塾大学法学研究会)』第五〇巻八号、一九七七年八月)
梅津順一「「平民道徳」とキリスト教――徳富蘇峰の福澤諭吉批判」(『国際基督教大学学報Ⅳ-B人文化学研究』第四四号、二〇一三年三月)
大久保利謙「福沢諭吉と明治初期の学会――学問独立論と官民調和論」(『三田評論』第六〇二号、一九六二年二月)
太田臨一郎「雑誌「太陽」の福沢先生追悼」(『福澤手帖』第二四号、一九八〇年三月)
太田臨一郎「吉野作造の福沢モノ愛読」(『福澤手帖』第三七号、一九八三年六月)
小川原正道「小泉信三の福沢諭吉論」(『法学研究（慶應義塾大学法学研究会)』第九三巻五号、二〇二〇年五月)
小川原正道「占領下における福沢諭吉関連本の検閲について」(『近代日本研究』第二四巻、二〇〇八年三月)
小川原正道「福沢諭吉と明治維新――体験・史観・連鎖」(伊藤之雄編著『維新の政治変革と思想――一八六二～一八九五』ミネルヴァ書房、二〇二二年)
勝部真長「和辻哲郎の福沢観」(『福澤手帖』第二二号、一九七九年九月)
川崎勝「田口卯吉の鉄道論――福沢諭吉・『東海経済新報』との関連で」(『武蔵野大学政治経済研究所年報』第一五号、二〇一七年一〇月)
苅部直「解説「脱亜論」と「アジア主義」のまぼろし」(坂野潤治『近代日本とアジア――明治・思想の実像』(ちくま学芸文庫、二〇一三年)
苅部直「「天」をめぐって――小林秀雄と福沢諭吉」(『福澤手帖』第一九二号、二〇二二年三月)

川口雄一「和辻哲郎における福沢諭吉論の原像――『福翁自伝』への書込みを通じて」(『福澤手帖』第一五二号、二〇一二年三月)
慶應義塾編『慶應義塾百年史』中巻(後)(慶應義塾、一九六四年)
慶應義塾編『慶應義塾百年史』下巻(慶應義塾、一九六八年)
小泉信三「解題」(福沢諭吉『学問のすゝめ』岩波文庫、二〇〇二年)
神山四郎「丸山真男氏の戦中・戦後の二論説をめぐって」(『福澤手帖』第八八号、一九九六年三月)
小林嘉宏「明六社における学術論争の意味――「学者職分論争」を手がかりとして」(『季刊日本思想史』第二六号、一九八六年)
小室正紀「福澤諭吉の経済論における「官民調和」」(『日本経済思想史研究』第一二号、二〇一二年三月)
昆野和七「解説　小泉信三「徳富蘇峯氏の福澤先生評論に就いて――先生の国権論其他」」(『福澤研究』第九号、一九六七年三月)
昆野和七「昨秋以来の福澤論――福澤諭吉関係文献紹介」(『三田評論』第五三四号、一九四二年五月)
柴田真希都「内村鑑三における福沢批判と福沢評価――その総合的理解にむけて」(『近代日本研究』第三二巻、二〇一六年二月)
渋川久子「教育勅語渙発前における徳育論争」(『日本大学精神文化研究所・教育制度研究所紀要』第一三号、一九八二年三月)
白井厚「丸山真男の福沢論と『三田新聞』」(『三田評論』第九九〇号、一九九七年四月)
白井厚「『三田新聞』をめぐる秩序と人間――丸山「福沢論」掲載のころ」(『丸山眞男手帖』第二九号、二〇〇四年四月)
末木孝典「福澤諭吉をめぐる人々四二　徳富蘇峰」(『三田評論』第一二四〇号、二〇二〇年一月)

ゾンターク・ミラ「内村鑑三と福沢諭吉――その文明論をめぐって」(高木謙次編『内村鑑三流域―キリスト教精神の探求』真菜書房、二〇〇〇年)
高瀬幸恵「「徳育論争」の再検討――教育勅語発布直前の道徳教育をめぐる議論の検証から」(『桜美林論考 心理・教育学研究』第九号、二〇一八年三月)
張翔「文明開化のコース――福沢諭吉と田口卯吉」(『史学研究(広島史学研究会)』第一八〇号、一九八八年七月)
津田左右吉「福澤・西・田口――その思想に関する一考察」(津田左右吉『津田左右吉全集』第八巻、岩波書店、一九六四年)
手塚豊「中村菊男君を憶う」(『法学研究(慶應義塾大学法学研究会)』第五〇巻八号、一九七七年八月)
寺崎修「解説」(寺崎修編『福澤諭吉著作集』第七巻、慶應義塾大学出版会、二〇〇三年)
土橋俊一「「修身要領」発表前後」(『三田評論』第八八〇号、一九八七年四月)
土橋俊一「福沢諭吉の著訳書遍歴――全集と選集の刊行を中心に」(占部百太郎編『福澤先生哀悼録』付録、みすず書房、一九八七年)
都倉武之「福沢諭吉の朝鮮問題――「文明主義」と「義侠心」をめぐって」(寺崎修編『福沢諭吉の思想と近代化構想』慶應義塾大学出版会、二〇〇八年)
長妻三佐雄「三宅雪嶺の福沢諭吉観――学問と政治の関連を中心に」(『同志社法学』第五三巻第二号、二〇〇一年七月)
中野目徹「【解説】明六社と『明六雑誌』」(山室信一・中野目徹校注『明六雑誌』上、岩波文庫、二〇〇一〇年)
中村勝範「中村菊男教授の業績」(『法学研究(慶應義塾大学法学研究会)』第五〇巻八号、一九七七年八

月）
西田毅「精神史的にみた徳富蘇峰と福沢諭吉――「瘠我慢の説」をめぐって」（岩崎達郎編『近代日本と徳富兄弟』蘇峰会、二〇〇三年）
林建彦「田口卯吉の「東京経済雑誌」と韓国・朝鮮――朝鮮社会停滞論・他律論の原型」（『コミュニケーション研究（上智大学コミュニケーション学会）』第二一号、一九九一年三月）
ひろたまさき「最近の福沢諭吉研究について――遠山茂樹・安川寿之輔の成果を中心に」（『日本史研究』第一二二号、一九七一年一一月）
藤井隆「明治の「公徳」「私徳」論瞥見――福沢諭吉と井上哲次郎」（『修道法学』第四一巻第二号、二〇一九年二月）
藤原修「近代日本における平和主義と愛国心――幸徳秋水と福沢諭吉」（『現代法学（東京経済大学現代法学会）』第一五号、二〇〇八年二月）
布施豪嗣「田中王堂と福沢諭吉」（『福澤手帖』第一八三号、二〇一九年一二月）
堀和孝「竹越与三郎の中国・朝鮮観に関する一考察――福沢諭吉との比較において」（『近代日本研究』第二七巻、二〇一一年二月）
堀和孝「福沢諭吉と竹越与三郎の比較思想史的研究――明治維新論を中心に」（『近代日本研究』第二六巻、二〇一〇年二月）
松本三之介「丸山真男の福沢諭吉論について」（『福澤手帖』第八八号、一九九六年三月）
本井康博「徳富蘇峰と福沢諭吉」（『同志社談叢』第一八号、一九九八年三月）
山田博雄「福沢諭吉論の変遷」（寺崎修編『福沢諭吉の思想と近代化構想』慶應義塾大学出版会、二〇〇八年）

山田大生「「国民性」論としての福沢諭吉――大正改元期の田中王堂の検討を通じて」（『近代日本研究』第三九巻、二〇二三年二月）
山室信一「【解説】『明六雑誌』の思想世界」（山室信一・中野目徹校注『明六雑誌』下、岩波文庫、二〇〇九年）
吉田傑俊「「古典的ナショナリズム」と「帝国主義」のあいだ――丸山眞男の福沢諭吉論の一考察」（『社会志林（法政大学社会学部学会）』第五四巻第一号、二〇〇七年七月）
米原謙「丸山眞男の福沢諭吉論――批判的考察」（『日本思想史学』第四六号、二〇一四年）
渡部望「西周「非学者職分論」のディスクール批評」（『北東アジア研究』第一七号、二〇〇九年三月）

ちくま新書
1745

福沢諭吉《ふくざわゆきち》 変貌《へんぼう》する肖像《しょうぞう》
――文明《ぶんめい》の先導者《せんどうしゃ》から文化人《ぶんかじん》の象徴《しょうちょう》へ

二〇二三年八月一〇日 第一刷発行

著　者　小川原正道（おがわら・まさみち）
発行者　喜入冬子
発行所　株式会社 筑摩書房
東京都台東区蔵前二―五―三 郵便番号一一一―八七五五
電話番号〇三―五六八七―二六〇一（代表）
装幀者　間村俊一
印刷・製本　株式会社 精興社

ISBN978-4-480-07576-5 C0210

ちくま新書

766
現代語訳 学問のすすめ
福澤諭吉
齋藤孝訳
諭吉がすすめる「学問」とは？ 世のために動くことで自分自身も充実する生き方を示し、激動の明治時代を導いた大ベストセラーから、今すべきことが見えてくる。

912
現代語訳 福翁自伝
福澤諭吉
齋藤孝編訳
近代日本最大の啓蒙思想家福沢諭吉の自伝を再編集&現代語訳。痛快で無類に面白いだけではない。読めば必ず、最高の人生を送るためのヒントが見つかります。

827
現代語訳 論語と算盤
渋沢栄一
守屋淳訳
資本主義の本質を見抜き、日本実業界の礎となった渋沢栄一。経営・労働・人材育成など、利潤と道徳を調和させる経営哲学には、今なすべき指針がつまっている。

1671
思想史講義【明治篇Ⅰ】
山口輝臣
福家崇洋編
文明開化の実態はいかなるものだったのか。富国強兵は本当に言われていたのか。最新の研究成果により明治前半の諸思想を徹底検証。従来の明治時代像を刷新する。

1672
思想史講義【明治篇Ⅱ】
山口輝臣
福家崇洋編
文明化推進と国体の確立を目指した明治日本は、大日本帝国憲法施行後にどう変わったか。明治後期の知的世界を多角的・実証的に描き出し、明治時代像を刷新する。

1673
思想史講義【大正篇】
山口輝臣
福家崇洋編
明治～戦前昭和の思想史を通覧するシリーズ全4巻の第1回配本。明治以来の「国体」の確立と文明化推進が大正期にいかに変容したかを、実証的・多面的に描き出す。

1674
思想史講義【戦前昭和篇】
山口輝臣
福家崇洋編
なぜ昭和の日本は戦争へと向かったのか。社会や政治の変革を志向する人々と、それに対抗する人々とのせめぎ合いで生まれた諸思想を、最新研究に基づき解明する。

ちくま新書

1319
明治史講義【人物篇】
筒井清忠編
西郷・大久保から乃木希典まで明治史のキーパーソン22人を、気鋭の専門研究者が最新の知見をもとに徹底分析。確かな実証に基づく、信頼できる人物評伝集の決定版。

1318
明治史講義【テーマ篇】
小林和幸編
信頼できる研究を積み重ねる実証史家の知を結集。20のテーマで明治史研究の論点を整理し、変革と跳躍の時代を最新の観点から描き直す。まったく新しい近代史入門。

1657
明治史講義【グローバル研究篇】
瀧井一博編
日本の近代化はいかに成し遂げられ、それは世界史にどう位置づけられているのか。国際的研究成果を結集し、日本人が知らない明治維新のインパクトを多面的に描く。

1589
大正史講義
筒井清忠編
大衆の台頭が始まり、激動の昭和の原点ともなった大正時代。その複雑な歴史を26の論点で第一線の研究者が最新の研究成果を結集して解説する。決定版大正全史。

1590
大正史講義【文化篇】
筒井清忠編
新たな思想や価値観、生活スタイルや芸術文化が生まれた大正時代。百花繚乱ともいえるこの時代の文化を、最新研究の成果を盛り込み第一級の執筆陣24名が描き出す。

1136
昭和史講義
——最新研究で見る戦争への道
筒井清忠編
なぜ昭和の日本は戦争へと向かったのか。複雑きわまる戦前期を正確に理解すべく、俗説を排して信頼できる史料に依拠。第一線の歴史家たちによる最新の研究成果。

1421
昭和史講義【戦前文化人篇】
筒井清忠編
柳田、大拙、和辻ら近代日本の代表的知性から谷崎、乱歩、保田與重郎ら文人まで、文化人たちは昭和戦前期をいかに生きたか。最新の知見でその人物像を描き出す。

ちくま新書

861
現代語訳 武士道
新渡戸稲造
山本博文訳・解説
日本人の精神の根底をなした武士道。その思想的な源泉はどこにあり、いかにして普遍性を獲得しえたのか？世界的反響をよんだ名著が、清新な訳と解説でいま甦る。

1257
武士道の精神史
笠谷和比古
侍としての勇猛な行動を規定した「武士道」だが、徳川時代に内面的な倫理観へと変容し、一般庶民の生活にまで広く影響を及ぼした。その豊かな実態の歴史に迫る。

1561
血の日本思想史
――穢れから生命力の象徴へ
西田知己
古来、穢れを表し、死の象徴だった「血」が、なぜ江戸時代に家族のつながりを表すものへと転換したのか。日本人の「血」へのまなざしと生命観の変遷をたどる。

1635
「新しさ」の日本思想史
――進歩志向の系譜を探る
西田知己
単に「現在」を示すだけだった「新しい」という言葉が、いかにして幕末維新期には大衆をリードする言葉にまで変貌したのか。日本人の進歩への志向の系譜を探る。

1325
神道・儒教・仏教
――江戸思想史のなかの三教
森和也
江戸の思想を支配していた神道・儒教・仏教にこそ、現代人の思考の原風景がある。これら三教が交錯しつつ形作っていた豊かな思想の世界を丹念に読み解く野心作。

990
入門 朱子学と陽明学
小倉紀蔵
儒教を哲学化した朱子学と、それを継承しつつ克服しようとした陽明学。東アジアの思想空間を今も規定するその世界観の真実に迫る、全く新しいタイプの入門概説書。

1017
ナショナリズムの復権
先崎彰容
現代人の精神構造は、ナショナリズムとは無縁たりえない。アーレント、吉本隆明、江藤淳、丸山眞男らの名著から国家とは何かを考え、戦後日本の精神史を読み解く。

ちくま新書

1728
ACE《エース》サバイバー
——子ども期の逆境に苦しむ人々
三谷はるよ

子ども期の逆境体験ACEは心と身体を蝕み、その後の人生の病気・低学歴・失業・貧困・孤立等様々な困難に結びつく。サバイバーが不利にならない社会を考える。

1185
台湾とは何か
野嶋剛

国力において圧倒的な中国・日本との関係を深化させる台湾。日中台の複雑な三角関係を波乱の歴史、台湾の社会・政治状況から解き明かし、日本の針路を提言。

1612
格差という虚構
小坂井敏晶

学校は格差再生産装置であり、遺伝・環境論争は階級闘争だ。近代が平等を掲げる裏には何が隠されているのか。格差論の誤解を撃ち、真の問いを突きつける。

1222
イノベーションはなぜ途絶えたか
——科学立国日本の危機
山口栄一

かつては革新的な商品を生み続けていた日本の科学産業はなぜダメになったのか。シャープの危機や日本政府のベンチャー育成制度の失敗を検証。復活への方策を探る。

1600
批評の教室
——チョウのように読み、ハチのように書く
北村紗衣

「精読する、分析する、書く」の3ステップを徹底攻略！チョウのように軽いフットワークで理解し、ハチのように鋭い視点で読み解く方法を身につけましょう。

1708
ルポ 大学崩壊
田中圭太郎

教職員に罵声を浴びせて退職強要。寮に住む学生45人を提訴。突然の総長解任。パワハラ捏造。全国の大学で起きた信じ難い事件を取材し、大学崩壊の背景を探る。

1321
「気づく」とはどういうことか
——こころと神経の科学
山鳥重

「なんで気づかなかったの」など、何気なく使われるこの言葉を手掛かりにこころの不思議に迫っていく。注意力が足りない、集中できないとお悩みの方に効く一冊。

ちくま新書

1572 現代ロシアの軍事戦略 小泉悠
冷戦後、弱小国となったロシアはなぜ世界的な大国であり続けられるのか。メディアでも活躍する異能の研究者が戦争の最前線を読み解き、未来の世界情勢を占う。

1352 情報生産者になる 上野千鶴子
問いの立て方、データ収集、分析、アウトプットまで、新たな知を生産し発信するための方法を全部詰め込んだ一冊。学生はもちろん、すべての学びたい人たちへ。

1422 教育格差 ――階層・地域・学歴 松岡亮二
親の学歴や居住地域など「生まれ」によって、子どもの学歴・未来は大きく変わる。本書は、就学前から高校まで教育格差を緻密に検証し、採るべき対策を提案する。

1634 悪い言語哲学入門 和泉悠
「あんたバカぁ?」「だって女/男の子だもん」。私たちが何気なく使う言葉のどこに問題があるのか? その善悪の根拠を問い、言葉の公共性を取り戻す。

1342 世界史序説 ――アジア史から一望する 岡本隆司
ユーラシア全域と海洋世界を視野にいれ、古代から現代までを一望。西洋中心的な歴史観を覆し、「世界史の構造」を大胆かつ明快に語る。あらたな通史、ここに誕生!

1377 ヨーロッパ近代史 君塚直隆
なぜヨーロッパは世界を席巻することができたのか。「宗教と科学の相剋」という視点から、ルネサンスに始まり第一次世界大戦に終わる激動の五〇〇年を一望する。

1400 ヨーロッパ現代史 松尾秀哉
第二次大戦後の和解の時代が終焉し、大国の時代が復活し、危機にあるヨーロッパ。その現代史の全貌を、国際関係のみならず各国の内政との関わりからも描き出す。

ちくま新書

1686
聞く技術 聞いてもらう技術
東畑開人
「聞かれることで、ひとは変わる」。人気カウンセラーが教える、コミュニケーションの基本にして奥義。読んですぐに実践できる、革新的な一冊。

1705
パワハラ上司を科学する
津野香奈美
「どうしたらパワハラを防げるのか？」十年以上にわたる研究で、科学的データを基にパワハラ上司を三つのタイプ別に分析、発生のメカニズムを明らかにした。

1305
ファンベース
――支持され、愛され、長く売れ続けるために
佐藤尚之
「ファンベース」とは、ファンを大切にし、ファンをベースにして、中長期的に売上や価値を上げていく考え方である。今、最も大切なマーケティングはこれだ！

1697
ウクライナ戦争
小泉悠
2022年2月、ロシアがウクライナに侵攻した。21世紀最大規模の戦争はなぜ起こり、戦場では何が起きているのか？ 気鋭の軍事研究者が、その全貌を読み解く。

1739
ウクライナ動乱
――ソ連解体から露ウ戦争まで
松里公孝
ウクライナの現地調査に基づき、ロシアのクリミア併合、ドンバスの分離政権と戦争、ロシアの対ウクライナ開戦準備など、その知られざる実態を内側から徹底的に解明。

1734
中世哲学入門
――存在の海をめぐる思想史
山内志朗
基本用語を解説しつつ、存在の問題からアヴィセンナの存在論、存在の一義性、個体化論、普遍論争へと、存在の海をめぐる思想史を丁寧に案内する決定版入門書。

1724
英語脳スイッチ！
――見方が変わる・わかる英文法26講
時吉秀弥
英文法に現れる「世界や人間関係の捉え方」をスイッチすれば、英語の見方が変わる・考え方がわかる！「そうだったのか」が連続の、英語学習スタートの必携書。